LEKTÜRESCHLÜSSEL
FÜR SCHÜLERINNEN UND SCHÜLER

# Theodor Fontane
# Irrungen, Wirrungen

Von Reiner Poppe

Philipp Reclam jun. Stuttgart

Dieser Lektüreschlüssel bezieht sich auf folgende Textausgabe: Theodor Fontane: *Irrungen, Wirrungen*. Stuttgart: Reclam, 2010. (Universal-Bibliothek. 18741.)

RECLAMS UNIVERSAL-BIBLIOTHEK Nr. 15367
Alle Rechte vorbehalten
© 2006 Philipp Reclam jun. GmbH & Co. KG, Stuttgart
Revidierte Ausgabe 2010
Gesamtherstellung: Reclam, Ditzingen
Printed in Germany 2012
RECLAM, UNIVERSAL-BIBLIOTHEK und
RECLAM UNIVERSAL-BIBLIOTHEK sind eingetragene
Marken der Philipp Reclam jun. GmbH & Co. KG, Stuttgart
ISBN 978-3-15-015367-3

www.reclam.de

# Inhalt

1. Erstinformation zum Werk  **5**
2. Inhalt  **12**
3. Personen  **23**
4. Werkaufbau, Sprache und Stil  **37**
5. Wort- und Sacherläuterungen  **43**
6. Interpretation  **51**
7. Autor und Zeit  **59**
8. Rezeption  **73**
9. Checkliste  **78**
10. Lektüretipps  **81**

Anmerkungen  **86**

# 1. Erstinformation zum Werk

»Vielleicht würd' es sich – wenn es nicht schon zu spät ist – empfehlen, einfach die Überschrift zu machen:

*Irrungen, Wirrungen*
Von Theodor Fontane.

›Roman‹ sagt gar nichts und ›Berliner Roman‹ ist schrecklich und schon halb in Mißkredit. ›Eine Berliner Alltagsgeschichte‹ ist, glaub' ich, nicht übel, aber man könnte es nur dem 1. Kapitel vordrucken und dann in der Folge gar keine weitere Bezeichnung. Wiederholt man diese Bezeichnung nämlich, so wirkt sie höchst prätentiös.«[1]

*Eine Alltagsgeschichte*

Diese Ausführung Fontanes in einem Brief an den Chefredakteur der *Vossischen Zeitung* gibt einen klaren Hinweis auf den Charakter der ›Geschichte‹ und unterstreicht die Darstellungsabsicht des Autors: Er wollte eine »Alltagsgeschichte« schreiben, die im Berlin seiner Zeit spielt und in der man die Stadt, die Sprache und die Lebensart ihrer Menschen wiedererkennen konnte. »Der Roman soll ein Bild der Zeit sein«, hatte er schon 1875 geschrieben, »der wir selber angehören, mindestens die Widerspiegelung eines Lebens, an dessen Grenze wir selber noch standen oder von dem uns unsere Eltern noch erzählten.«[2]

Das ist ihm gelungen. Auf Schritt und Tritt begegnen im Roman dem Leser bekannte Orte und Namen aus der Berliner, d. h. auch aus der preußischen Geschichte. Eine sehr alltägliche Begebenheit steht im Mittelpunkt des Romans: Zwei Menschen von unterschiedlichem Stand (er: adelig, sie: bürgerlich) müssen aus Gründen der Familienraison ihre (Liebes-)Beziehung aufgeben, weil sie einander nicht gehören dürfen. Fontane macht dies zu einer vollkommen unpathetischen Angelegenheit. Wie es aussieht, werden die beiden Hauptbetroffenen mit dieser Situation ganz gut fertig. Sie heiraten »standesgemäße« Partner, und das Leben geht weiter. Schon 1883 hatte Fontane an seine Tochter geschrieben: »Ich bin kein Pessimist, gehe dem Traurigen nicht nach, befleißige mich vielmehr, alles in jenen Verhältnissen und Prozentsätzen zu belassen, die das Leben selbst seinen Erscheinungen gibt.«[3] Er war diesem Grundsatz auch in seinem neuesten Roman treu geblieben.

Der Roman gehört zur literarischen Epoche des »bürgerlichen Realismus« (auch »poetischer« oder »psychologischer Realismus«), der zeitlich etwa zwischen 1850 und 1890 einzuordnen ist. Die Literatur des »bürgerlichen Realismus« ist gekennzeichnet durch ein hohes Maß an Sachgebundenheit. Häufig gewannen die Autoren ihre Stoffe für Erzählungen, Romane und Novellen aus konkreten Begebenheiten und Vorgängen. Das bürgerliche Alltagsleben nimmt bei Fontane – bei ihm ist es das Preußens – und anderen bedeutenden Realisten (Keller, Raabe, Storm) eine Mittelpunktstellung ein. Dabei korreliert die Landschafts- und Milieudarstellung häufig mit den seelischen Vorgängen in den Personen. Charakteristisch für Keller und besonders für Fontane sind ihre feine Ironie, ihr Humor und ihr wissendes Über-den-Dingen-Stehen, mit denen sie den Erschütterungen des Lebens begegnen und zumeist auch ihre Romanfiguren vor dem vollständigen Untergang bewahren.

Geboren 1819, erlebte Theodor Fontane bis zu seinem Tode 1898 den Wandel eines Staates, der sich in zunehmend größeren Dimensionen zur Schau stellte und dabei anachronistisch oder auch verlogen an Tugenden von einst festhielt. In seinen jungen Mannesjahren war Fontane einer der entschiedensten Gegner des preußischen Staates gewesen. Später wurde er zu einem liebevoll-kritischen Verehrer und verhielt sich exakt gemäß einer gern und viel zitierten Wahrheit: »Wer mit zwanzig kein Sozialist ist, hat kein Herz. Wer mit vierzig nicht konservativ ist, hat keinen Verstand.« Er hat ›sein‹ Preußen, genauer: die »Wilhelminische Epoche«, minutiös wieder und wieder »kritisch abgebildet«, aber auch »behutsam abgerundet«.[4] Im Alter konnte er nicht nur auf eine bewegte Zeit zurückblicken, sondern auch aus eigenstem Erleben bewerten und weitergeben wie kaum ein anderer, was es in Preußen an ›Glanz und Elend‹ gab und gegeben hatte. Von ihm selbst waren seine Romane vornehmlich als ein »Beitrag zur literarischen Unterhaltungskultur des ausgehenden 19. Jahrhunderts«[5] gedacht und zielten nicht auf eine kritisch-analytische Wirklichkeitsabbildung, wie sie die großen französischen oder russischen Realisten der Zeit anstrebten. Fontane selbst versprach deshalb seinem Erzählwerk nicht die größte Zukunft. Die Zeit belehrte ihn und uns eines Besseren.

*Irrungen, Wirrungen* ist ein Liebesroman. Er erschien als Vorabdruck zunächst im Februar 1888 in der *Vossischen Zeitung* und löste einen kleinen Skandal aus. Fontane hatte bereits acht umfangreiche Romane und Erzählungen veröffentlicht und war damit nicht mehr nur ein weithin bekannter Feuilletonist und Kritiker, sondern ein ›richtiger‹ und viel gelesener Schriftsteller. Dass er Preußen zu seinem Lieblingsthema erkoren hatte, wusste man schon seit seinen *Wanderungen durch die Mark Brandenburg*. Dass er nun aber derart ›intim‹ wurde, erschreckte die Leser. Bürgertum und Adel ergriffen Partei. Die einen verurteilten die unmoralische, die anderen die gesellschaftlich unstimmige Seite des Liebesverhältnisses nach dem Motto: dass »nicht sein kann, was nicht sein darf«. Fontanes »Hurengeschichte«[6] war in aller Munde.

Hurengeschichte?

Was, so fragen wir heute kopfschüttelnd, konnte in diesem Punkte harmloser sein als Fontanes Roman? Nicht so die ›tugendhaften‹ Preußen. Bei ihnen ging es ordentlich zu. (Jedenfalls an der Oberfläche.) Ein von Rienäcker und eine kleine Plätterin? Unmöglich! Dazu noch eine, die vor ihm schon ... Und dazu eine ›wilde‹ Liebesnacht in einem abgelegenen Hotel? Das tut man nur, wenn man verheiratet ist. Und geschrieben wird über so etwas schon gar nicht! Wie liest sich die ›unmoralische Stelle‹ bei Fontane? Das Krasseste, was der Leser dazu findet, lautet: »Und sie schmiegte sich an ihn und blickte, während sie die Augen schloss, mit einem Ausdruck höchsten Glückes zu ihm auf« (81,26–28). Das ist alles. Vergessen wir nicht: Es ist ein Roman des (späten) 19. Jahrhunderts. Die Leser waren noch nicht an Freizügigkeiten gewöhnt, wie sie für unsere Zeit selbstverständlich geworden sind, ganz einerlei, wie, wo oder in welchem Medien-Gewand sie uns heute serviert werden.

> Preußens Tugenden

Was aber hatte es mit Preußens Moral- und Ehrvorstellungen auf sich, dass man derart verschreckt und empört auf diesen Roman reagierte? Im alten Preußen hatte alles seine Ordnung und jeder seinen Platz. Zu den ganz eigenen Tugenden des preußischen Staates hatte der Große Kurfürst Friedrich Wilhelm I. (1688–1740) die Grundlagen gelegt, und sie waren in den beiden Jahrhunderten unter seinen Nachfolgern in spezifischer Weise weiterentwickelt und zu dem stilisiert worden, was man stolz als »typisch preußisch« bezeichnete: »Fleiß und Sparsamkeit, Arbeits- und Leistungsbereitschaft, die Pflichterfüllung samt dem Gebot, niemals wehleidig zu sein.«[7] Es lassen sich noch weitere Tugenden ergänzen: Demut und Treue, Zuverlässigkeit und Bescheidenheit, Gehorsam und Tapferkeit. Der Begriff der »Ehre« wurde geradezu preußisch kodifiziert. »Jeder Stand hat seine Ehre« (22,28 f.) hören wir Botho von Rienäcker, die männliche Hauptfigur des Romans, sagen. Es war Friedrich II. (1712–86), der seinem Volk einen zusätzlichen Stempel aufdrückte, nämlich den der Unbeugsamkeit. Die Kehrseite all dessen waren Selbstgerechtigkeit, Bigotterie und ein hohes Maß an Dünkel, besonders ausgeprägt beim Adel. Und da waren die Tabu- und Schamzonen einer vornehmen Gesellschaft, die sich im Großen und Ganzen bieder und ehrbar gab, in der es aber, wie zu jeder anderen Zeit, auch handfest und weniger ehrbar zur Sache ging.

Die bestimmende und einflussreichste Schicht war der Adel. Dieser unterteilte sich in vier ›Klassen‹: In den traditionellen Altadel, vornehm bis in die Knochen und politisch indifferent; in den einflussreichen und weit verzweigten Beamtenadel; in den stockkonservativen Landadel, dem es allein um die Sicherung der alten Rechte ging; in den hochtrabenden Offiziersadel, in dem sich bizarre Abarten des preußischen Ehrverhaltens herausbildeten. Getrennt von dem des Adels, der teilweise auch untereinander auf scharfer Grenzziehung bestand, prägte sich ein analoges Wertverständnis in der Bourgeoisie und im Kleinbürgertum aus. Bei ihnen wiederholte sich im Bescheidenen, was der Adel bewusst und bedeutungsvoll zur Schau stellte. Gerade zum Adel und seinen Gepflogenheiten begab sich Fontane oft in sehr kriti-

> Selbstverständnis des Adels

sche Distanz. Vier Jahre nach dem Erscheinen des Romans schrieb er: »Der eigentliche Adel [...] ist der Landadel, und so sehr ich gerade diesen liebe und so sehr ich einräume, daß er in seiner Natürlichkeit und Ehrlichkeit ganz besondre Meriten hat, so ist mir doch immer mehr und mehr klar geworden, daß diese Form in die moderne Welt nicht mehr paßt, daß sie verschwinden muß und jedenfalls, daß man mit ihr nicht leben kann.«[8] Diese Auffassung hat er auch schon zu der Zeit vertreten, als er an *Irrungen, Wirrungen* schrieb. Aus dem Roman klingen sie dem Leser jedoch weit weniger rigoros entgegen.

Für die Romanfiguren und die -handlung gibt es nach den Erkenntnissen der Fontane-Forschung keine Vorlage. Die Entstehungsgeschichte ist nur spärlich dokumentiert.[9] Daraus sollte nicht gefolgert werden, dass Fontane alles ganz frei erfunden hat. Das Berliner Leben und die Eindrücke, die er von den Reisen ins Brandenburgische mitgebracht hatte, haben ihm vielerlei Anregungen geliefert. *Irrungen, Wirrungen* entstand mit einigen Unterbrechungen über einen Zeitraum von gut drei Jahren (1884–87). Die erzählte Zeit des Romans erstreckt sich ebenfalls über gut drei Jahre. Fontanes Schaffensprozess war nie linear und nur auf ein Werk bezogen. Oft arbeitete er parallel an mehreren Büchern. Das erklärt, weshalb mancher seiner Romane so lange brauchte, bis er fertig war. (An *Effi Briest* arbeitete Fontane über sechs Jahre.) Auf der anderen Seite macht diese Tatsache klar, warum Fontanes Romane im Erzählton so beschaulich und ausgewogen sind.

*Irrungen, Wirrungen* zählt auch heute noch zu den am meisten gelesenen Romanen Fontanes. Sein Erfolg beruht nicht zuletzt darauf, dass sein Verfasser den Leser heiter und weise in seine temperierte Sicht auf die Menschen

## 1. ERSTINFORMATION ZUM WERK

und die Welt einbezieht. Niemand hat das Gefühl, um die Wahrheiten des Lebens betrogen zu werden; aber es wird auch niemandem eine Perspektive aufgezwungen.

An dieser Stelle sollen einige Daten aufgelistet werden, an denen die gesellschaftliche und politische Entwicklung in Preußen bzw. Deutschland zwischen 1848 und 1890 abgelesen werden kann. Im Zusammenhang mit Fontanes Leben und Schaffen wird darauf weiter unten näher eingegangen (7. Kapitel: Autor und Zeit).

1848 Märzrevolution in Berlin. (Fontane ist auf der Seite der Aufständischen, die mehr Rechte für das Volk fordern.)
1862 Otto von Bismarck tritt gestaltgebend in die deutsche Politik ein; er ist von 1871 bis 1890 deutscher Reichskanzler.
1866 Preußen führt mit Österreich Krieg. – Der im Jahre 1815 gegründete Deutsche Bund wird aufgelöst. Fortan gehört Österreich nicht mehr zu Deutschland.
1870 Deutschland tritt unter Führung Preußens in einen von Bismarck provozierten Krieg gegen Frankreich ein.
1871 Das Deutsche Reich wird gegründet. – Deutschland ist Kaiserreich unter dem (preußischen König) Wilhelm I.
1888 Wilhelm II. ist Deutschlands neuer Kaiser.
1890 Bismarck wird entlassen.
1890 ff. Der deutsche Kolonialbesitz wird erweitert; Wilhelm II. ist bestrebt, Deutschland bzw. Preußen zur führenden europäischen Großmacht aufzubauen.

## 2. Inhalt

**1. Kapitel.** Frau Dörr kommt in das bescheidene Haus von Frau Nimptsch, um ein wenig zu plaudern. Frau Dörr ist in zweiter Ehe mit dem Gärtner Dörr verheiratet, einem schrulligen und eigenwilligen Mann. Frau Nimptsch lebt mit ihrer Pflegetochter Lene (Magdalene) bei ihnen im Vorderhaus zur Miete. Lene verdient als Plätterin ihr Geld. Die beiden Älteren unterhalten sich über sie und ihren Dauerbegleiter, Baron Botho von Rienäcker, die gerade von einem Spaziergang zurückkehren. Ihr Verliebtsein ist ihnen anzusehen. Botho ist Offizier, trägt aber Zivilkleidung, in der er eine gute Figur abgibt. Draußen verabschiedet er sich von Lene, und auch Frau Dörr zieht sich in ihre eigene Häuslichkeit zurück.

**2. Kapitel.** Herr und Frau Dörr leben äußerst eingeschränkt in einem alten, halb zerfallenen Gärtnereigebäude. Im Sommer ist es dort angenehm. Während der nassen und kalten Wintermonate ziehen sie jedoch in zwei zur Gärtnerei gehörige Treibhäuser, in denen es dann besser auszuhalten ist. Aus erster Ehe hat Herr Dörr einen »etwas geistesschwachen Sohn« (9,34) mitgebracht. Das Reden der Leute über ihn und seine Familie lässt den alten Dörr unbeeindruckt. Er ist zufrieden mit sich und seinem Dasein, liebt seine Hühner, seine Gartenkräuter und auch seine Frau. In Harnisch gerät er nur über Nachbar Bollmanns Hund, einen »Affenpinscher« (12,17), der ihm regelmäßig sein Federvieh kläffend auseinander jagt. Dörr droht ihm Tod und Verderben an.

> *Eine vermeintliche Idylle*

**3. Kapitel.** Die Dörrs ziehen sich gegenseitig auf, ganz in der Art eines alten Ehepaares. Man schätzt sich, man kennt sich, man macht sich einander nichts mehr vor. Frau Dörr gesellt sich zu Lene, die am offenen Fenster ihre Bügelarbeiten aufgenommen hat. Geschickt bringt Frau Dörr das Gespräch auf Botho (16,24 f.). Sie fragt die junge Frau, wie sie und Botho sich kennen gelernt hätten. Freimütig erzählt Lene von ihrer ersten Begegnung auf einer Kahnpartie, bei der Botho sie und ihren Begleiter aus einer gefährlichen Situation gerettet habe (17,35–18,14). Botho habe sie nach Hause begleitet. Daraus sei etwas Regelmäßiges geworden, und nun liebe sie ihn. Frau Dörr fürchtet, dass Lene sich etwas vormache (19,35 f.), doch sie wird belehrt, dass es sich anders verhalte. – Briefträger Hahnke bringt eine Nachricht von Botho, der seinen Besuch für den folgenden Tag ankündigt.

**4. Kapitel.** Das Ehepaar Dörr mit Sohn, Frau Nimptsch und Lene sitzen schon beisammen, als Botho kommt. Er ist gut gelaunt und überhäuft die Anwesenden sogleich schwungvoll mit Komplimenten und Freundlichkeiten. Ging es zuvor ruhig zu, so kommt eine fast ausgelassene Stimmung auf, als Botho die Redeweise von Leuten seines Standes imitiert (25,9–12). Den gemeinsamen Abend, zu dem auch ein paar Tänzchen gehören, beschließen einige Runden Kirschwasser.

**5. Kapitel.** Das junge Paar erbittet die Genehmigung, sich noch ein wenig in Dörrs Garten aufhalten zu dürfen. Nach einigen Neckereien wird das Gespräch ernsthafter. Lene äußert sich illusionslos über ihre Beziehung. Botho ist darüber betroffen, aber Lene erklärt ihm, warum sie ihrer gemeinsamen Zukunft keine Chance gibt (35,13–14).

**6. Kapitel.** Eine Woche nach diesem Zusammensein erhält Botho Post von seinem Onkel, dem Baron Kurt von Osten. Er möchte ihn sprechen und schlägt ein Treffen in einem stilvollen Weinrestaurant vor. Botho amüsiert sich über die sehr förmliche Art seines Onkels, für den gerade das Beste gut genug ist. – Auch Lene möchte Botho wieder sehen. In einem Brief erwähnt sie, dass sie ihn in der Zwischenzeit aus der Entfernung gesehen habe, und fragt ein wenig ängstlich, wer »die schöne Blondine« (38,19) in seiner Begleitung gewesen sei. Botho ist gerührt und beinahe stolz auf die zahlreichen kleinen Verstöße Lenes gegen die Rechtschreibung, aus denen ihre Einfachheit und Natürlichkeit sprechen, die er so schätzt.

**7. Kapitel.** Auf dem Weg zu dem Weinlokal trifft Botho einen Regimentskameraden, Leutnant von Wedell, den er kurzerhand einlädt, ihn zu begleiten. Der Gast ist dem Baron willkommen, und es entspinnt sich ein Gespräch über alte Familienbande, Politik und Aktualitäten, in dem von Osten das Wort führt. Er kommt rasch auf sein eigentliches Anliegen zu sprechen, nämlich auf die Erwartung der Familie, dass Botho nun endlich in die Ehe mit der vermögenden und hübschen Käthe von Sellenthin einwilligen solle (48,15–28). Nach Auffassung aller sei sie die einzig Richtige für Botho, hauptsächlich weil durch eine Ehe mit ihr die Geldschwierigkeiten, in denen sich die von Rienäckers befänden, schlagartig zu beheben seien.

**8. Kapitel.** Derselben Auffassung sind auch Bothos Offizierskameraden. Sie wissen um seine Standestreue und Gutmütigkeit und sind geneigt, Wetten abzuschließen, dass er den Erwartungen und Forderungen der Familie nachkommen und mit Lene brechen wird.

**9. Kapitel.** Frau Dörr, Lene und Botho machen einen Spaziergang. Angesichts der Neckereien und übermütigen Nachlaufspiele Bothos und Lenes hängt die Gärtnersfrau eigenen Erinnerungen nach. Auf dem Heimweg singen alle ihr Lieblingslied »Denkst du daran«. Das junge Paar ist aber bald ganz in eigene, sehr ernste Gedanken versunken (60,7–15).

**10. Kapitel.** Botho findet seine Heiterkeit schnell wieder. Man beschließt den Abend gemeinsam bei den Nimptschs zu verbringen. Lene zeigt Botho ein Notizbüchlein mit der Überschrift »Was zu wissen Not tut« (62,8). Er muss die Namen »Pitt«, »Serge« und auch »Gaston« erklären. – Frau Dörr, die in der Gärtnerei noch einen Kranz zu binden hatte, einen recht einfachen – »Efeu mit Azalie« (63,24) –, kommt ein wenig später dazu. Frau Nimptsch nimmt dies zum Anlass, über ihr Begräbnis zu sprechen. Sie möchte einen Immortellenkranz auf ihrem Grabe haben. Botho verspricht ihr, dafür zu sorgen, wenn es dann einmal so weit sei (64,31–34). – Als Botho sich verabschiedet, schlägt er vor, bald einen gemeinsamen Ausflug aufs Land zu machen. Geziert wehrt Frau Dörr sein Ansinnen ab, sie solle mit von der Partie sein.

**11., 12. Kapitel.** »Hankels Ablage« ist das Ziel des Ausflugs mit Übernachtung, für das sich Botho und Lene hochgestimmt entscheiden. Für einen Tag und eine Nacht sind beide glücklich miteinander.

**13. Kapitel.** Noch vor dem Frühstück genießen Botho und Lene den sonnigen Morgen bei einem Spaziergang. Später machen sie eine Bootspartie. Ein Ausflugsdampfer mit Tagesgästen trifft ein, unter ihnen die Regimentskameraden Pitt, Serge und Balafré in Begleitung einiger Damen. Für Botho und Lene ist der Zauber des ungestörten Zusammenseins dahin.

**14. Kapitel.** Heiterkeit und gute Laune stellen sich bei Botho und Lene nicht wieder ein, als sie die Heimreise antreten. Beide wissen, dass dies ihr letztes Zusammensein war.

> Ende einer Liebe, Desillusionierung

Botho erhält von seiner Mutter einen Brief, in dem ihm abverlangt wird, sich nun den Wünschen der Familie zu stellen. Erregt reitet er aus, um die Situation zu überdenken. Er kommt zur Einsicht, dass die Trennung von Lene nicht aufzuschieben ist. Ohne Aussicht auf eine andere Lösung ist Botho bereit, sich trotz innerer Widerstände der gesellschaftlich sanktionierten Ordnung, d. h. der Ehe mit Käthe zu stellen (102,29–31).

**15. Kapitel.** Botho schreibt Lene einen kurzen Abschiedsbrief, in dem er sie um ein letztes Wiedersehen bittet. Am Abend treffen sie sich noch einmal in Dörrs Garten. Beide erinnern sich

> Erinnerungen

an Vergangenes und sprechen sehr ruhig über die Zukunft, die nun für jeden von ihnen anders aussehen wird. – Auch Frau Nimptsch bewahrt Haltung, als Botho sich von ihr verabschiedet.

**16. Kapitel.** Bothos und Käthes Hochzeit findet auf dem Sellenthinschen Gut Rothenmoor statt. Die Heiratsanzeige wird in der *Kreuzzeitung* veröffentlicht. Sie wird Lene in einem anonymen Brief zugeschickt. Lene vermutet eine schadenfrohe Rivalin hinter dieser Art der Mitteilung. – Botho und Käthe verbringen ihre Flitterwochen in Dresden. Am Ende des vierzehntägigen Aufenthalts fragt Botho sie nach ihren stärksten Eindrücken. Seine junge Frau zählt ein paar Nichtigkeiten auf, an denen sie sich ergötzt hat. Obwohl nicht überrascht, ist Botho doch enttäuscht von der Oberflächlichkeit seiner Frau (110,5–9). – In der Zwischenzeit hat Käthes Mutter ihnen eine Wohnung eingerichtet. Käthe freut sich besonders über die schöne Aussicht, die sie vom Balkon aus haben. Bothos Freude hält sich in Grenzen, denn in der Nähe wohnen Lene und ihre Mutter. (Lene ahnt nicht, dass die von Rienäckers beinahe Nachbarn sind.) Auf einem ihrer Einkaufswege sieht sie sich plötzlich in geringer Entfernung Botho und seiner Frau gegenüber. Das Paar ist in ein Gespräch vertieft. Um eine direkte Begegnung zu vermeiden, tritt Lene nah an das erstbeste Schaufenster heran und starrt hinein, bis beide vorübergegangen sind. Die überraschende Begegnung schockt sie. Auf dem Heimweg wird es ihr schwarz vor Augen (113,25–28). Mühsam tastet sie sich nach Hause. Dort wird sie ohnmächtig. Frau Dörr versorgt sie mit alten Hausmitteln, und bald kommt Lene wieder zu sich (115,29 f.).

**17. Kapitel.** Eineinhalb Jahre später: Das junge Paar führt eine wenig aufregende Ehe, in der sich bis dahin kein Familiennachwuchs eingestellt hat. Dank Käthes unbekümmertem Wesen geht es bei den von Rienäckers aber überwiegend fröhlich zu. Dennoch denkt Botho oft an Lene. Er wundert sich, dass er sie nie sieht. Das hat einen einfachen Grund, den er nicht ahnt: Aus Angst vor einem neuerlichen Zusammentreffen ist Lene mit ihrer Mutter in einen entfernten Stadtteil umgezogen. Trotz des Protests von Frau Dörr wurde das Vorhaben rasch in die Tat umgesetzt. – Der Umzug tut beiden gut. Frau Dörr besucht sie regelmäßig. – Über die Vergangenheit wird kaum gesprochen. Ein Jahr später steht ein neues Thema im Vordergrund: der Mieter von nebenan, ein gewisser Gideon Franke, ein einfacher, aber respektabler Mann. Er ist ungefähr zur selben Zeit wie die Nimptschs in die Nachbarwohnung eingezogen (122,20–26). Frau Nimptsch und Frau Dörr wären sehr einverstanden, wenn er und Lene sich näher kämen.

**18. Kapitel.** Im Juni 1878 wird Käthe von ihrer Mutter und Schwiegermutter zu einer Kur überredet. Sie erscheint ihnen »blasser, mutloser und matter als sonst« (125,5 f.). Anfangs nicht begeistert von dem Gedanken an eine Kur, findet Käthe die Aussicht darauf bald als eine Abwechslung und hat täglich mehr Freude an den Vorbereitungen. – Das junge Paar gibt eine Abschiedsparty, zu der einige gute Freunde eingeladen sind. Käthe ist die Hauptperson und wird von allen wegen ihrer Plauderkunst bewundert (126,19 f.). Botho gefällt die Gesprächsfreude seiner Frau weniger, und er unterbricht sie häufig. Dafür wird er von seinen Freunden Serge und Pitt heftig kritisiert (129,5–12), die der jungen Frau reizende Komplimente machen und absolut kein Verständnis für seine unwirschen Reaktionen auf die fröhliche Unbekümmertheit seiner Frau haben (131,9–14).

**19. Kapitel.** Frau Nimptsch fühlt, dass sie nicht mehr lange zu leben hat (132,14 f.). Lene wehrt solche Gedanken ab, obwohl sie ahnt, dass ihre Mutter diesmal Recht behalten wird. So gibt sie ihr zu verstehen, dass sie bereit sei, Gideon Franke zu heiraten. Das macht die alte Frau ruhiger. – Frau Dörr wird verständigt. Während Lene von ihr fortgeschickt wird, um einen Arzt zu holen, stirbt Frau Nimptsch.

**20. Kapitel.** Mehrere Karten von Käthe haben Botho erreicht. In naivem Plauderton schildert sie ihre Reise, äußert ihre Gedanken zu Kunst, Geschichte, Kultur und Erziehung, zu denen sie durch unmittelbares Erleben angeregt wird. Botho freut sich, doch er wünscht sich mehr Gedankentiefe und Reife bei seiner Frau, die sich vielleicht noch einstellen, so seine Hoffnung, »wenn sie Pflichten hat« (139,24 f.). – Ein Besucher, Gideon Franke, wird ihm gemeldet. Der Name sagt ihm nichts. Als er ihn aber sprechen hört, hat er rasch eine hohe Meinung von ihm. Seine Meinung verstärkt sich im Verlaufe des Gesprächs, als Gideon ihm erklärt, dass er beabsichtige, Lene zu heiraten, und gekommen sei, Bothos Meinung über sie zu hören (142,13–25). Mit derselben Offenheit schildert ihm Botho, wie er Lene kennen gelernt hat, und ebenso ihre charakterlichen Vorzüge (144,19–31). Gideon bestätigt diese aus seinen bisherigen Erfahrungen. Dabei betont er, dass seine Prinzipien den ihren sehr ähnlich seien. Auch ihm komme es auf »Proppertät«, »Honnettität« und »Reellität« an (145,23 f.). Beinahe zufällig erfährt Botho beim Abschied seines Besuchers, dass Frau Nimptsch gestorben ist.

**21. Kapitel.** Botho braucht einige Zeit, um diese Neuigkeiten zu verdauen. Unverzüglich macht er sich dann auf den Weg zum Friedhof, um Frau Nimptsch den versprochenen »Immortellenkranz aufs Grab zu legen« (146,16 f.). Den weiten Weg legt er in einer Droschke zurück und plaudert mit dem Kutscher über Alltägliches.

**22. Kapitel.** Von einem alten Friedhofsarbeiter, der Botho an das Grab der Frau Nimptsch führt, erfährt er, dass es nur ein kleines Begräbnis war, an dem nicht mehr als vier Leute teilgenommen haben. Ein Immortellenkranz hängt schon auf dem Eisenständer an der Grabstelle. Er ist von Lene. Botho hängt seinen Kranz dazu und lässt sich dann unverzüglich heimfahren (155,16–18).

**23. Kapitel.** Am anderen Morgen entlädt sich ein (gutmütiges) Donnerwetter Bothos über das Hausmädchen Minette und die Köchin. Er muss sich förmlich dazu zwingen, »die Rolle des donnernden Zeus zu spielen« (159,13 f.), als er sie wegen eines allzu langen Spazierganges tadelt, dies so kurz vor der Rückkehr seiner Frau, für die im Hause alles blitzblank sein müsse. Sich selbst hält er vor, um nichts gewissenhafter zu sein als das Personal (159,24–26). Bei einem kleinen Imbiss überfliegt er dann die Zeitungen. Besonders gern liest er die Gesellschaftskolumnen. – Käthe teilt ihm in einem Brief mit, dass sie in drei Tagen ankommen werde. Botho freut sich auf sie. Dennoch empfindet er einen inneren Zwiespalt (161,8–10). – Nach dem Kasernendienst macht er einen Ausritt. Erinnerungen an die Zeit mit Lene holen ihn ein. Zufällig trifft er Bogislaw und Kurt von Rexin, zwei Regimentskameraden. Bogislaw, mit dem er weiterreitet, erzählt ihm von seiner Beziehung zu einem einfachen Mädchen, Henriette, das er liebe. Er macht sich Gedanken über die gesellschaftliche Missbilligung im Falle einer Heirat mit ihr. Daher möchte er die Beziehung fortsetzen, ohne sich legal zu binden. Botho rät ihm ab (166,17–19).

**24. Kapitel.** Käthe, begleitet von einer Frau Salinger und ihrem Sohn, kehrt aus der Kur zurück. Botho holt sie am

Anhalter Bahnhof ab. Sie ist glücklich, wieder in Berlin zu sein, und plaudert munter drauflos. Zu Hause wird sie mit einer »Willkommen«-Girlande begrüßt (mit nur einem ›l‹ anstelle des Doppelkonsonanten). Sie ist gut gelaunt. Scherzhaft mahnend geht sie auf Bothos zärtliche Annäherung ein (171,2–9).

**25. Kapitel.** Am nächsten Morgen lässt sich Botho von der Kur erzählen. Käthe gibt ein paar Episoden zum Besten, u. a. über Mr. Armstrong, einen schottischen »Kavalier comme il faut« (172,20), dessen enthusiastische Erwähnung Botho beinahe ein wenig eifersüchtig macht. – Überschwänglich lässt sich Käthe über die erneuernde Kraft der Natur aus, die durch nichts zu übertreffen sei, und schlägt einen Ausflug nach Schloss Charlottenburg, nach Westend oder Halensee vor. Sie machen einen Ausflug in den Schlosspark, der Botho Gelegenheit bietet, seine fundierten Geschichtskenntnisse auszubreiten. Er erzählt Anekdoten aus dem alten Preußen, über die Käthe nicht genug lachen kann: »Ach, das ist zu komisch« (176,14).

**26. Kapitel.** Im Kamin findet Käthe ein Aschehäuflein und argwöhnt, nicht allzu beunruhigt, dass es die Reste von Liebesbriefen seien. Botho bestätigt ihre Vermutung. Halb scherzend, halb ernsthaft schlägt Käthe vor, sie »lieber zweimal [zu] verbrennen: erst zu Asche, dann zu Rauch« (177,11 f.). – Munter redet sie dann über einige gesellschaftliche Belanglosigkeiten, doch Botho hört ihr gar nicht richtig zu. Er ist mit seinen Gedanken woanders. – Drei Wochen später findet Gideon Frankes und Lenes Hochzeit statt. Das Ereignis lässt sich im Viertel niemand entgehen. Am Morgen des darauf folgenden Tages durchblättert Käthe am Frühstückstisch »ihre Lieblingszeitung« (180,5 f.). Dabei stößt sie auf die Heiratsanzeige der Frankes. Sie findet die Namen überaus komisch, besonders »Nimptsch«. Amüsiert liest sie ihrem Mann die Anzeige vor. Obwohl innerlich aufgestört, antwortet Botho so unverfänglich wie möglich: »Was hast du nur gegen Gideon, Käthe? Gideon ist besser als Botho« (180,21 f.).

## 3. Personen

Die Zahl der Romanpersonen ist überschaubar. In der Reihenfolge ihres Auftretens erleben wir Frau Nimptsch, Lene und Frau Dörr mit ihrem Mann und Sohn; Botho; Baron von Osten und Leutnant von Wedell; Pitt und Serge; den Wirt in »Hankels Ablage«; Pitt, Serge, Balafré und ihre ›Damen‹; (Bothos Mutter;) Käthe; Gideon; den Droschkenkutscher; (Verkäuferin;) von Rexin, (Henriette;) (Mr. Armstrong;) Zaungäste. In ihrer jeweiligen Individualität prägen sie sich dem Leser rasch ein. Zu Fontanes Kunst der Figurencharakterisierung in diesem Roman lesen wir in einer Rezension aus dem Jahr 1888: »Fontane braucht nur ganz wenig kräftige Striche, um eine Person lebensvoll und ›sprechend ähnlich‹ vor uns hinzustellen; in solcher knappen Charakterisierungs- und Darstellungskunst ist er ein Meister.«[10]

Die Romanfiguren repräsentieren gegensätzliche gesellschaftliche Klassen, an deren Normen sie gebunden sind. Allerdings befindet sich das Normengefüge in einem merklichen Übergang. Im Verlaufe des Geschehens treten die Standesunterschiede immer weniger hervor, obwohl die Personen, die sich vorübergehend aus den ›Ordnungen‹ ihres Standes herausbegeben hatten, wieder in sie eingegliedert werden. Nur auf die wichtigsten Romanfiguren kann hier eingegangen werden.

**Frau Nimptsch** und **Frau Dörr**, zwei der vier Mutterfiguren des Romans, werden dem Leser zusammen mit Lene im ersten Kapitel vorgestellt. **Frau Nimptsch**, Lenes Pflegemutter ist um die siebzig und hat damit ein (für damalige Verhältnisse und ihren Stand) hohes Lebensalter erreicht. Sie ist ein wenig sonderbar und nicht sehr gesprächig. Ihre Liebe gilt Lene, deren Verbindung mit Botho sie voller Sorge beobachtet. Sie ist an allem, was um sie herum vor sich geht, auf zurückhaltende Weise interessiert. Am liebsten beschäftigt sie sich mit dem Sterben, vorzugsweise mit ihrem eigenen (63,20–64,17). Als sie merkt, dass ihr Leben zu Ende geht, sorgt sie dafür, dass die ihr wichtigen Dinge geregelt sind: Sie möchte ihr Gesangbuch haben und, wenn es so weit ist, in einem blauen Sarg mit gelbem Beschlag auf dem Jakobifriedhof beerdigt werden (135,32–136,5). Ihre letzten Gedanken gelten Lene, die nicht immer gemäß den Regeln ihres Standes und nach den Grundsätzen der Erziehung, wie sie Frau Nimptsch vorschweben, gehandelt hat. In dem schlichten Gebet, das sie in ihrer Todesstunde spricht, spiegelt sich ein hartes, entbehrungsreiches, aber gottbefohlenes Leben: »Lieber Gott im Himmel, nimm sie in deinen Schutz und vergilt ihr alles, was sie mir alten Frau getan hat« (136,11–13). – Die Gärtnersfrau **Dörr** ist ein echtes

*Ein derbes Original*

Original, eine der köstlichsten Romanfiguren Fontanes überhaupt. Fontane selbst lässt über den Eindruck, den man von ihr bekommen soll, keinen Zweifel aufkommen: »Die [...] als Frau Dörr Begrüßte war nicht bloß eine robuste, sondern vor allem auch eine sehr stattlich aussehende Frau, die, neben dem Eindruck des Gütigen und Zuverlässigen, zugleich den einer besonderen Beschränktheit machte« (6,23–27). Aber gerade sie ist es, die den ›Laden schmeißt‹. Der etwas hinfälligen Frau Nimptsch und Lene steht sie mit Rat und Tat zur Seite, mit derbem Humor gelegentlich, aber mit absoluter Zuverlässigkeit und Treue. Die Ratschläge und Weisheiten, die sie Lene nahe legt, sind durch das Leben geprägt. Deshalb klingen sie wahr, überzeugend und abgeklärt: »Und wenn einer nich will, na, denn will er nich un denn muss es auch so gehn und geht auch mehrstens, man bloß, dass man ehrlich is un anständig und Wort hält. Un natürlich, was denn kommt, das muss man aushalten un darf sich nicht wundern. Un wenn man all so was weiß und sich immer wieder zu Gemüte führt, na, denn is es nich so schlimm. Un schlimm is eigentlich man bloß das Einbilden« (19,29–36). Selbst als Lene und ihre Mutter in einen entfernten Stadtteil gezogen sind, ist ihr der Weg dorthin nicht zu weit. Und so ist sie auch rasch zur Stelle, als Lene sie rufen lässt, damit sie in der Sterbestunde der Frau Nimptsch zugegen ist. Sie weiß, wie jemand aussieht, der stirbt: »Kuck bloß mal hier (und sie wies auf die Nasenflügel), da sitzt der Dod« (135,16 f.). Die Sterbeszene gehört zu den anrührendsten des gesamten Romans und verdeutlicht die bedeutende erzählerische Rolle, die Fontane der Gärtnersfrau zugedacht hat. Wortlos hockt sie auf einem Schemel, während sie »die Hand ihrer alten Freundin« hält (136,23 f.). Die alten Zeiten, an die sie sich im Zusammensein mit Frau Nimptsch und Lene immer erinnert fühlte, sind endgültig vorüber. In diesem Augenblick scheint auch ihr eigenes Leben erloschen. Wir sehen sie nur noch einmal, zusammen mit ihrem Mann, ohne dass ihre Namen genannt werden, bei Lenes Trauung, bespöttelt von den Umstehenden (178,26–34).

**Bothos** und **Käthes Mutter** erscheinen nur indirekt auf der Bühne des Geschehens. Warum überlässt Fontane ihnen keinen direkten Handlungsraum in dem Roman? Wahrscheinlich hätten sie die Handlung unverhältnismäßig überfrachtet, und strukturell hätte sich das nicht mit seiner Absicht vertragen, eine ›Berliner Alltagsgeschichte‹ zu schreiben. So lässt Fontane sie als überlegene Mütterfiguren lediglich aus dem Hintergrund, jedoch dominant in das Geschehen eingreifen. Frau von Rienäcker schreibt den alles entscheidenden Brief (96,16–99,4), und Frau von Sellenthin richtet den Jungvermählten eine komfortable Wohnung ein (110,21–33). Sie sind es, die alles für sie Wichtige an den gewünschten Platz rücken. Eine ernsthafte Überschreitung des Standes- und Familienkodex durch Botho schließt Baronin von Rienäcker aus. Sie gönnt ihm sein Vergnügen, erwartet jedoch im Gegenzug seine Unterwerfung unter die Familienraison. Dünkelhaft und eigennützig sind Bothos und Käthes Mutter darauf bedacht, ihre Vorteile aus der Verbindung ihrer Kinder zu ziehen. Die von Rienäckers sind finanziell wieder saniert, die Sellenthins haben einen ansehnlichen und standesgemäßen Schwiegersohn, der eine aussichtsreiche Offizierslaufbahn vor sich hat. – Aber sie sind nicht boshaft. Auf sie trifft eingeschränkt zu, was für Mütterfiguren in anderen Fontane-Romanen gilt: »Den abwesenden (Ideal-)Müttern stehen die anwesenden Rabenmütter gegenüber, die – soviel muss man ihnen zugute halten – offenbar nicht anders können, durch Generations- und Schichtenzugehörigkeit keine Wahl zu haben scheinen.«[11]

**Botho**, **Lene** und **Käthe** sind die Zentralfiguren des Romans. Alle drei leiden unter den Verhältnissen, in die sie hineingeboren worden sind. Sie haben jedoch das Talent und die Kraft, sich mit den Gegebenheiten zu arrangieren. Niemand hat dabei einen erkennbaren Vorteil, denn alle drei sind auf die gleiche Weise »Opfer eines Materialismus, der nach individuellen Neigungen und Gefühlen nicht

## 3. PERSONEN

fragt«[12]. Weder Botho noch Käthe können sich dem Druck entziehen, den beide Familien auf sie ausüben. Lene ist zufällig in diese Zwänge hineingeraten. Sie liebt den Mann, der eine andere lieben muss. Fontane führt Botho und Lene in den ersten vier Romankapiteln ein, während Käthe im siebenten Kapitel erstmals erwähnt wird, aber nicht vor dem sechzehnten Kapitel handelnd in Erscheinung tritt. Damit gibt Fontane der (von Beginn an überschatteten) Entwicklung von Bothos und Lenes Beziehung Raum. Käthe erscheint erst zu einem Zeitpunkt, als sich Lenes und Bothos Wege faktisch getrennt haben. Gideon Franke, der spätere Ehemann Lenes, wird im siebzehnten Kapitel eingeführt (122,23–123,16). Erst im zwanzigsten Kapitel tritt er in Erscheinung, als er sich Botho von Rienäcker vorstellt (141,1–8). Danach wird sein Name nur noch einmal erwähnt (180,15). – Das Ehepaar Dörr (mit Sohn) und Frau Nimptsch sind als Personengruppe von Beginn an bis zum Ende des neunzehnten Kapitels präsent. Mit dem Tod der Frau Nimptsch (131,25–136,29) blendet Fontane sie aus dem weiteren Geschehen aus. Sie sind für Botho von Rienäcker nur noch Erinnerung. In seinem Leben spielen sie gestaltend keine Rolle mehr. Andere Personen treten nur sporadisch auf (Bothos Offizierskameraden, ihre Freundinnen, die anonym bleibenden Zaungäste bei Lenes Hochzeit) oder werden in Momentaufnahmen zweckbestimmt in das Romangeschehen eingeblendet (Baron von Osten, der Droschkenkutscher, von Rexin).

Obwohl in Fontanes *Irrungen, Wirrungen* kein exemplarisches Einzelschicksal dargestellt wird, ist **Botho von Rienäcker,** die männliche Hauptperson, ein ›Held‹, ohne wirklich heldenhaft zu sein. »Du liebst

> *Ein Held mit menschlichen Schwächen*

mich und bist schwach«, hält ihm Lene Nimptsch entgegen. »Alle schönen Männer sind schwach und der Stärkere beherrscht sie« (34,29 f.). Damit ist Bothos wunder Punkt genau bestimmt. Lene führt ihm auch vor Augen, wie sehr er seine Rollen spielt, ohne sich dessen bewusst zu sein: »Du hast auch eine Maske« (63,13). – In den Grenzen seines Standes aufgewachsen, ist Botho von Rienäcker entsprechend geprägt. Er stammt aus einer traditionsreichen, an den Rand des Ruins gebrachten Adelsfamilie. Seine Mutter bringt klar zum Ausdruck, was man in dieser Situation von ihm erwartet. So ist die Heirat mit der vermögenden Käthe von Sellenthin für ihn »keine Gefahr, sondern die Rettung« (52,19 f.), wie auch Pitt in seinem Gespräch mit von Wedell nüchtern konstatiert, nicht nur seine eigene, sondern die seiner ganzen Familie. – Zweifellos ist er eine gute Erscheinung von gewinnender Art, wie sie den Frauen gefällt. Er ist aufrichtig und hat Charme, ist gebildet und strahlt eine natürliche Vornehmheit aus. Freilich ist er keine Kämpfernatur und besitzt nicht die Selbstsicherheit, sich gegen den Druck seiner Familie zu behaupten. – Botho von Rienäcker weiß sich in allen Kreisen gewandt zu bewegen. Den Militärjargon beherrscht er ebenso wie die Kunst der ungezwungenen Plauderei mit den Dörrs und Mutter Nimptsch. Seine Kameraden schätzen seine Erfahrung, seinen Rat und sein Urteil, obwohl sie durchaus auch in kritischer Distanz zu ihm stehen. Die von Lene erwähnte »Schwäche« wird von Bothos Regimentskameraden von Wedell ähnlich, in einem Punkte noch verschärft gesehen: »Rienäcker, trotz seiner sechs Fuß, oder vielleicht auch gerade deshalb, ist schwach und bestimmbar und von einer ganz seltenen Weichheit und Herzensgüte« (53,32–34). Von Lenes Mutter wird er geschätzt und hat auch bei Frau Dörr einen Stein im Brett.

Umgekehrt kann er sein Vorurteil gegen sie nicht überwinden und äußert sich im Gespräch mit Lene ziemlich herablassend über sie: »Frau Dörr, wenn sie neben deiner Mutter sitzt oder den alten Dörr erzieht, ist unbezahlbar, aber nicht unter Menschen. Unter Menschen ist sie bloß komische Figur und eine Verlegenheit« (67,19–23). Botho von Rienäcker hat durch Lene und bei den Dörrs den Wert der ›kleinen Leute‹ erfahren, und auch er wünscht sich ein Leben in Ordnung. Freilich bekennt er sich, indem er sich einen ganzen Kranz von guten Argumenten dafür zusammenflicht, zum Ordnungsverständnis seines Standes, in dem Ehen, die aus Vernunftsgründen geschlossen werden, eher den Boden für Beständigkeit bereiten als die aus Liebe und Leidenschaft geschlossenen. »Ordnung ist viel und mitunter alles« (102,23.) sinniert er, wissend, dass sich seine und Lenes Liebe mit den gesellschaftlichen Erwartungen nicht in Einklang bringen lassen. Mit dem Eintreten in die von den Müttern gewollte Ehe mit Käthe unterwirft er sich einem Ordnungsgefüge, in dem das persönliche Glück als sekundär angesehen wird, gleichwohl nicht ganz ausgeschlossen ist. Auch für Lene greift dieser Vernunftskonsens. In Gideon findet sie den Mann, der als Garant für ein zufriedenes Leben gilt, einen Mann, für den »Proppertät, Honnettität und Reellität« (145,23 f.) auch und gerade im ehelichen Zusammenleben zum Höchsten zählen. – Dennoch ist zu erkennen, dass Botho von Rienäcker sich ernsthaft mit den Formen und der Etikette seines Standes herumschlägt und bemüht ist, sich von dessen Äußerlichkeiten zu lösen: Das »Beste heißt mir Einfachheit, Wahrheit, Natürlichkeit« (100,19). Auf seinem Ausritt redet er sich ein, dass er sich schon von dem Unechten seiner Umgebung entfernt hat: »Ich hab […] einen Widerwillen gegen alles Unwahre, Geschraubte, Zurechtgemachte. Chic, Tournüre, Savoir-faire – mir alles ebenso hässliche wie fremde Wörter« (101,1–5). Es erscheint ihm unverständlich, dass ein Mann wie von Hinckeldey sein Leben für eine »Adelsvorstellung« und eine »Standesmarotte« wegwerfen konnte (101,32 f.). Dennoch bleiben diese reflektierende Bestandsaufnahme und innere Distanzierung von den Regeln und Gepflogenheiten seines Standes ohne abweichende Konsequenzen, im Gegenteil. »Er löst das Band, nicht als Held, sondern als guter Sohn seiner Familie, mit voller Einsicht in die Unhaltbarkeit der alten lieben Beziehungen.«[13] Von Rexin, der sich in dem gleichen Dilemma befindet, erhält von Botho den unmissverständlichen Rat: »Ich warne Sie [...], hüten Sie sich vor dem Halben« (166,17–19). Ein Ende mit Schrecken, so haben wir das zu verstehen, ist auch in seinem Falle besser als ein Schrecken ohne Ende. – Wir schließen uns der in der Sekundärliteratur gemachten Feststellung an, dass Botho im Laufe der Jahre um eine Spur »nachdenklicher, ›bewusster‹ geworden« ist und sich in seiner Ehe »den lockeren Gesellschaftston [...] gänzlich abgewöhnt«[14] hat, den Lene an ihm kritisierte. So könnte seine am Schluss des Romans mit einer leichten Gereiztheit eingeworfene Replik (»Gideon ist besser als Botho«, 180,22) als Kritik an Käthes unverbesserlichem Dünkel und als Ausdruck seines Abstands zur Phrasenhaftigkeit der ›besseren‹ Gesellschaft verstanden werden.

Ob es zu Fontanes Zeiten schon ›Blondinenwitze‹ gab? Vielleicht wurden sie wegen **Käthe von Sellenthin** erfunden, mag manch einer vermuten. Wer Bothos junge Frau jedoch so einschätzt – reich, blond und deshalb dumm, muss sich schnellstens korrigieren. Sie ist keineswegs nur die kichernde »Flachsblondine mit Vergissmeinnichtaugen« (52,36), »die blonde Spezial-Landsmännin« (53,17) mit nichts als Stroh im Kopf und einer fetten Mitgift im Rücken.

> Von der Kritik wurde (und wird) Käthe oft als die weniger vorteilhafte der beiden Frauen um Botho von Rienäcker angesehen und auch in ihrer Bedeutung für die Romanerzählung unterschätzt. Für Horst Schmidt-Brümmer ist gerade Käthe ein sehr gelungenes Beispiel dafür, wie Fontanes Figuren »durch die Vielfalt der sie betreffenden Bezeichnungen ihre erzählerische Gestalt und thematische Bedeutung«[15] gewinnen. Ihre differenzierte »perspektivische Auffächerung« mit sehr vielen positiven Bezeichnungen lässt es nicht zu, in ihr lediglich eine Kontrastfigur zu Lene zu sehen.

*Keine blasse Kontrastfigur*

Baron von Osten stellt entzückt ihre umfassenden Vorzüge heraus (47,14–16). Auch Bothos Mutter macht in ihrem Brief sehr entschieden klar, dass es sich kein Mann auf die Dauer leisten könne, solch eine Frau sitzen und warten zu lassen (98,9–16). Sie schreibt das nicht nur aus Zweckmäßigkeitserwägungen. Der Gedanke an das Sellenthinsche Vermögenspolster macht Bothos Mutter gewiss entschlossener, ihrem Sohn nun die Daumenschrauben anzuziehen. Es ist jedoch unwahrscheinlich, dass sie, die ihren Sohn kennt, ihm zu einer Verbindung raten würde, in der die Zukünftige zwar das Geld, sonst aber nichts zu bieten hätte. Mehr als einmal betonen auch Bothos Freunde, dass sie »klüger ist als er«, der für seine Sauertöpfigkeit ihr gegenüber guten Grund hätte, sich »vor aller Welt [zu] entschuldigen« (130,35).

Als Frischvermählte begegnet uns Käthe zum ersten Mal im sechzehnten Romankapitel. Fontane charakterisiert sie mit wenigen Sätzen, die den Leser für sie einnehmen: »Wirklich, sie lachte den ganzen Tag über und so leuchtend und hell blond sie war, so war auch ihr Wesen. An allem ergötzte sie sich und allem gewann sie die heitre Seite ab« (108,19–22). Trotz ihrer erst einundzwanzig Jahre zeigt Käthe sich als eine sehr gefestigte und selbstsichere Persönlichkeit. Die gesellschaftliche Etikette meistert sie mit Bravour. Was sie sagt, hat bei aller Leichtigkeit Charme, Witz und einen gewissen unschuldigen Hintersinn (128,6–35). Des ›Zwangscharakters‹ ihrer Ehe ist sie sich durchaus bewusst, und sie weiß auch, dass sie nicht Bothos erste Beziehung ist, aber sie bemüht sich nach Kräften, ihrem Mann eine gute Frau zu sein. Die Vergangenheit lastet auch auf Käthe, deren plapperhafte Munterkeit zeigt, wie angestrengt sie bestrebt ist, aus dem Verheiratet-worden-Sein das Beste zu machen.

So schließt ihre Ehe mit Botho nur scheinbar fugenlos an dessen zerbrochenes Glück an. Bei aller Selbstbewusstheit und natürlichen Munterkeit ist Käthe eine sehr empfindsame und durchaus nachdenkliche Frau. Sie besitzt zu allem eine sehr eigene Meinung, die sie unbefangen äußert, ohne verletzend zu sein, auch zu ihrer Ehe. Was sie sich in diesem Punkte von ihrem Mann wünscht, spricht sie nach der Rückkehr aus der Kur offen aus: »Unsere Herren, auch deine Freunde, sind immer so gründlich. Und du bist der gründlichste, was mich immer recht bedrückt und ungeduldig macht. Und du musst mir versprechen, auch so zu sein wie Mr. Armstrong, und ein bisschen mehr einfach und harmlos plaudern zu wollen und ein bisschen rascher und nicht immer dasselbe Thema« (174,10–16). Tatsächlich könnte das zu mehr ehelicher Harmonie des jungen Paares beitragen. Nur die Festigkeit ihres durch Herkunft und

Erziehung erworbenen Charakters und ihre aufrichtige Liebe zu Botho haben sie in ihrer jungen Ehe vor einem Fehltritt bewahrt, als ihr während der Kur eben jener Mr. Armstrong, den sie sehr interessant und anziehend fand, den Hof machte. In aller Offenheit erzählt sie Botho von dieser Bekanntschaft mit ein wenig Flirt und mit einem hohen Maß an geistigem Gleichklang. Bothos etwas anzügliche Bemerkung »Nun, da müsst ihr euch freilich gefunden haben« (174,6) beantwortet sie mit entwaffnender Naivität und Ehrlichkeit: »Haben wir auch« (174,8). Sie ist klug genug zu wissen, wie bedroht ihre junge Ehe durch das Spiel mit dem Feuer war und dass nur die gegenseitige Liebe sie (beide) zukünftig vor solchen Gefährdungen schützt. Dafür sucht sie Bothos Rückversicherung (174,32–175,2).

Auch in **Magdalene Nimptsch** haben wir – auf ganz andere Art – eine sehr gefestigte Persönlichkeit vor uns. Sie ist kein goldiges, kapriziöses Persönchen wie Käthe, nach der sich die Männer umschauen, doch liegt in ihrem Charakter und in ihrem Wesen eine ungewöhnliche Feinheit, die sie trotz ihrer einfachen Herkunft (fast) zu einer Prinzessin macht. Es ist zutreffend, wenn gesagt wird, dass Botho erst durch den Kontrast zwischen den beiden Frauen den »Unterschied zwischen Herzensbindung auf der einen und Vernunftehe auf der anderen Seite«[16] erfährt. Das schränkt aber keineswegs die (oben verdeutlichten) positiven Charaktermerkmale Käthes ein.

In den Augen Frau Dörrs ist Lene kein Engel, aber »propper und fleißig un kann alles und is für Ordnung un fürs Reelle« (8,12 f.). Wie Käthe, so ist auch sie blond, genauer gesagt aschblond (14,28). Eine frühe Kritik bezeichnet sie als »weich und träumerisch-sinnlich«, jedoch auch als »vernünftig und lebensfroh«[17]. Von Jugend an hat sie für sich selbst einstehen müssen und einen klaren, manchmal beängstigend scharfen Blick für die Realität (34,9–23; 95,2–20) gewonnen. Für Weinerlichkeiten gibt es in ihrem Leben nicht viel Platz. Sie nimmt die Dinge, wie sie kommen.

> Warmherzigkeit und Entsagungsfähigkeit

Trotz ihrer jungen Jahre hat sie eine gehörige Portion Lebenserfahrung. In ihrer illusionslosen Reife ist sie Botho deutlich überlegen. Gelassen erträgt sie das stellenweise taktlose und inhaltsleere Geschwätz der ›Offiziersdamen‹ während ihres Ausflugs zu »Hankels Ablage« (90,16–92,32). Ihre Liebesbeziehung zu Botho empfindet sie als ein Geschenk, auf das sie keinen Anspruch und kein dauerhaftes Anrecht hat. Der endgültigen Trennung von dem Geliebten sieht sie gefasst ins Auge, ohne Lamento und quälendes Selbstmitleid. In der ihr eigenen Stärke ist sie sogar fähig, sich selbst und Botho eine gute Zukunft vorauszusagen: »Es rückt sich alles wieder zurecht, auch das« (106,3 f.).

Wie sehr ihr Innerstes aber durch die Trennung getroffen ist, beweist ihre Reaktion, als sie sich Botho und Käthe einige Zeit später unverhofft gegenübersieht: Sie bricht zusammen (114,20–115,14). Diese Episode leitet einen neuen Lebensanlauf Lenes ein. Zusammen mit ihrer Mutter zieht sie in eine neue, entfernt liegende Wohnung um (120,14–24). Mit dieser Veränderung macht Lene zumindest äußerlich einen endgültigen Schlussstrich unter ihre Vergangenheit. Dieser Schritt unterstreicht einmal mehr ihre Willensstärke und Eigenständigkeit. Durch die Heirat mit dem biederen, grundanständigen Fabrikmeister Franke stellt sie in ihrer persönlichen Welt die Ordnung wieder her, die sie beim Überschreiten der Standesgrenzen wissentlich erschüttert hatte. Der Leser mag bedauern, dass Lene ihr Lebensglück mit Botho nicht finden kann. Mit umso größerer Genugtuung wird er bestätigen, was ein Kritiker der *Vossischen Zeitung* im Jahr nach dem Erscheinen des Romans über die Lene-Figur sagte: »Durch Charakter, natürliche Geistesanlagen, angeborenen Tact und Zartheit, durch Kopf und Herz wäre sie dem Geliebten sicher so ebenbürtig wie nur eine seiner Standesgenossinnen.«[18] So bleibt sie dem Leser als so etwas wie eine ›Prinzessin des Herzens‹ in Erinnerung, der wenigstens eine akzeptable bürgerliche Ehe beschieden ist.

**Gideon Franke** vervollständigt das Quartett. Obwohl er relativ spät in das Geschehen eingeführt wird, hat Fontane mit ihm eine der »eigenartigsten und gelungensten (Gestalten) des Romans«[19] geschaffen. Er wirkt etwas steif und hölzern, dieser Gideon Franke, dennoch erkennt Botho beim ersten (und einzigen) Zusammentreffen mit ihm sofort, »dass der, der da sprach, trotz seines spießbürgerlichen Aufzuges ein Mann von Freimut und untadeliger Gesinnung sei« (142,5–7). Trotz einer »alttestamentarischen Prophetenattitüde«[20] ist Gideon eine positiv gezeichnete Gestalt. Ehedem Sektenprediger in Amerika, hat er sich nach seiner Rückkehr in Berlin respektabel emporgearbeitet. Zum Leben und zur Religion hat er sehr eigene Anschauungen, die jenseits der akzeptierten Kirchenmeinung prinzipienfest begründet sind: »Aber jeder gute Weg muss ein offener Weg und ein gerader Weg sein und in der Sonne und ohne Morast und ohne Sumpf und ohne Irrlicht« (146,2–5). Gideon steht konsequent zu seiner unabhängigen Meinung, was gewisse

> Kein Mann von Welt

Spielregeln einer sich stark an Äußerlichkeiten orientierenden Gesellschaft angeht. Die kirchliche Trauung wird in bescheidenstem Rahmen durchgeführt, d. h. ohne *show* und auch ohne einen Kranz für Lene. Der Verzicht darauf versteht sich aufgrund ihrer beider Ehrlichkeit.[21] Die schwatzhaften Zaungäste des Ereignisses haben dafür ihre eigene Erklärung (179,13–25). Selbst wenn der von Botho ausgesprochene bedeutungsschwere Schlusssatz des Romans »Gideon ist besser als Botho« (180,22) für manche Interpretation offen ist, so erscheint es mir ein wenig weit hergeholt, Gideon Franke Merkmale einer »Richtergestalt« im Roman zuzuschreiben.[22]

## 4. Werkaufbau, Sprache und Stil

Der Roman umfasst 26 Kapitel. Sie sind ungefähr gleich lang und haben keine Überschriften. Die Romanhandlung spielt in einem Zeitraum von etwa drei Jahren (Pfingsten 1875 – Sommer 1878). Ein erstes Orientierungsdatum gibt Fontane dem Leser konkret mit dem Brief an die Hand, den Botho am »29. Juni 1875« von seiner Mutter erhält (96,16). Von dort lässt sich der Satz »Es war die Woche nach Pfingsten« (5,30), mit dem die Romanhandlung beginnt, zeitlich einordnen. Weitere Zeitangaben entlang dem Geschehensverlauf bleiben relativ unbestimmt (9, 21, 35, 49, 54, 66, 95, 107). In der Folge werden einzelne Geschehnisse jedoch zeitlich exakt markiert: Lenes zufällige Begegnung mit Botho und Käthe in der »dritte[n] Oktoberwoche« desselben Jahres (111,21); Lenes Umzug am darauffolgenden Osterfest (120,13) in einen anderen Stadtteil und Käthes Abschiedsparty am 23. Juni 78 vor dem Beginn ihrer Kur (126,3). Ihre zahlreichen Schreiben von unterwegs und aus dem Kurort selbst tragen kein Datum. Es lässt sich aus dem jeweiligen Kontext bestimmen. Käthes Kuraufenthalt dauert wenig länger als vier Wochen. Auch wenn die nachfolgenden Zeitangaben wieder unbestimmt bleiben, weisen sie dennoch aus, dass Lenes Hochzeit (als das Hauptereignis am Ende des Romans) ungefähr drei Wochen nach Käthes Rückkehr stattfindet, also in der zweiten Augusthälfte 1878. Mit der belustigten Reaktion Käthes auf die Namen in der Hochzeitsanzeige und mit Bothos abwehrender Antwort auf ihre Heiterkeit schließt der Roman.

Das Geschehen ist auf den Hauptschauplatz Berlin beschränkt. Zahlreiche genaue Ortsangaben, Straßennamen, auch Verweise auf Lokalgeschichtliches machen diesen Roman zu einem »Berliner Roman«, auch wenn sein Autor diese Bezeichnung nicht liebte. Fontane verschmilzt sie mit real wirkenden, jedoch von ihm erfundenen Schauplätzen. So hat die Dörr'sche Gärtnerei nie existiert, an ihrer Stelle befand sich aber zu jener Zeit eine echte Gärtnerei, das »Blümnerische Haus«.[23] In der ersten Romanhälfte spielt sich die Handlung überwiegend in der Dörr'schen Gärtnerei ab, in der zweiten hingegen fast ausschließlich im Lebensumfeld Botho von Rienäckers nach dessen Heirat mit Käthe von Sellenthin. Die Zäsur zwischen beiden Hälften erfolgt im sechzehnten Kapitel, in dem lapidar mitgeteilt wird: »Mitte September hatte die Verheiratung auf dem Sellenthinschen Gute Rothenmoor stattgefunden« (107,22 f.). Mit Kaserne und Offiziersclub, Botho von Rienäckers Stadtwohnung, Hillers Weinrestaurant und »Hankels Ablage« weisen die ersten fünfzehn Kapitel noch weitere bedeutungstragende Handlungsorte auf. Die »Landpartie« (66,17) zu »Hankels Ablage«, die exakt in der Mitte des Romans geschildert wird (elftes Kapitel bis zum ersten Viertel des vierzehnten Kapitels), zieht sich über nahezu dreißig Textseiten hin (66–95). In diesem breit ausgeführten Teil des Romans erleben wir das Ende der Romanze und den endgültigen Zusammenbruch der scheinbaren Idylle. Der Übergang zum zweiten Hauptteil vollzieht sich unmittelbar im Anschluss an die Rückkehr Bothos in seine Stadtwohnung mit dem Brief von seiner Mutter, in dem sein weiteres Schicksal definitiv entschieden wird (66–99).

In der zweiten Romanhälfte verlagert sich das Geschehen auf zusätzliche Schauplätze, die dem veränderten Situations- und Beziehungsgefüge entsprechen: Lenes Umzug

> *Zwei unterschiedliche Romanhälften*

## 4. WERKAUFBAU, SPRACHE UND STIL

in die Wohnung am Luisenufer, Käthes Kuraufenthalt, Bothos Droschkenfahrt zum Jakobifriedhof. Während in den ersten fünfzehn Romankapiteln der unvermeidliche Bruch der Beziehung zwischen Botho und Lene vorbereitet wird, zeigen die Kapitel der zweiten Romanhälfte ihre Umorientierung in einem neuen Alltag. Sowohl in der ersten als auch in der zweiten Romanhälfte nehmen Rückblicke und Erinnerungen der handelnden Personen einen breiten Raum ein. Da sind zunächst Frau Dörrs Erinnerungen an ihren »Baron« von einst (8,9); Lenes Erinnerungen an ihre erste Begegnung mit Botho (17–19); Baron von Ostens erinnernde Anspielungen auf Preußens Ehr- und Charaktertypen (44f.); Bothos und Lenes Gedanken über ihr (kurzes) Glück (73). In der zweiten Romanhälfte bestimmen Vergleiche der Gegenwart mit der Vergangenheit beinahe ausschließlich Botho von Rienäckers Gedanken und Handlungen. Lenes Worte »Erinnerung ist viel, ist alles« (105,5) beim endgültigen Abschied von Botho leiten dessen fortgesetztes Heraufbeschwören der alten Zeiten ein (118f., 156, 157, 162). Botho vergleicht wiederholt seine junge Frau mit Lene, die in jedem dieser Vergleiche besser abschneidet. Mit dem Verbrennen der alten Briefe (177) werden die Erinnerungen an die Vergangenheit nur scheinbar ausgelöscht. Botho hat die Trennung von Lene auch nach Jahren noch nicht verwunden (180,18–22).

Alle Figuren sind unterschiedslos einer »Transitorik«[24] unterworfen, die den ganzen Roman strukturgebend durchzieht. Sie kommt bereits im Romananfang zum Ausdruck und setzt sich leitmotivisch fort: »Es war die Woche nach Pfingsten, die Zeit der langen Tage, deren blendendes Licht mitunter kein Ende nehmen wollte. Heut aber stand die Sonne schon hinter dem Wilmersdorfer Kirchturm, und statt der Strahlen, die sie den ganzen Tag herabgeschickt hatte, lagen bereits abendliche Schatten in dem Vorgarten, dessen halbmärchenhafte Stille nur noch von der Stille des von der alten Frau Nimptsch und ihrer Pflegetochter Lene mietweise bewohnten Häuschens übertroffen wurde« (5,30–6,3). – »Abendliche Schatten« und »halbmärchenhafte Stille« deuten fließende zeitliche Übergänge und eine unwirkliche Gesamtatmosphäre an. Was idyllisch beginnt, enthüllt rasch seine Brüchigkeit. Nur einen kurzen Augenblick wird sich der Leser über eine ›heile‹ Situation Illusionen machen dürfen. In vielen der Kapiteln, in denen Fontane gleichsam symbolbesetzte Kulissen aufbaut, konstituieren sich Anzeichen der Veränderung und des Zerbrechens der Idylle (z. B. 32,31; 34,34; 55,29–31; 63,25–64,8; 69,5–13; 77,20–34). Es sind die häufigen Kontraste, Schnittpunkte und Unwegsamkeiten, in denen sich die Instabilität der Welt spiegeln. »Fontane führt den Leser meistens mit einer peniblen Ortsbeschreibung in den Roman ein. [...] Worauf es dabei ankommt, ist die Suggestion des zweiten Blicks: Indem man meint, die unbekannte Szenerie wiederzuerkennen, nimmt sie einen gefangen. [...] Offenbar ist die täuschende Ähnlichkeit nicht alles und soll womöglich nur eine kunstvolle Blende sein, die sich wie ein mehr oder weniger durchsichtiger Schirm vor der Realität des Romans ausspannt.«[25]

> Idylle contra Instabilität der Welt

Die Sprache des Romans wirkt ruhig, behaglich und zurückgenommen in der Art eines verweilenden Erzählens. An keiner Stelle ist sie angespannt oder gar hektisch. Trotzdem entwickelt sich das Geschehen großschrittig. Fontane nimmt sich auch die Zeit, einzelne Episoden

> Gemütlich verweilender Erzählton

humorvoll auszuschreiben, etwa die Episode in Dörrs Garten (11,34–13,5), die des abendlichen Beisammenseins von Botho und den Dörrs bei Frau Nimptsch und ihrer Tochter (28,3–30,10). Ebenfalls mit Humor, doch mit schärferer Ironie schildert Fontane Episoden, in denen die Vertreter der ›besseren Gesellschaft‹ im Mittelpunkt stehen. Diese karikiert er bis zur Persiflage. Als Beispiele dafür seien lediglich Bothos Imitation des Adels im Gespräch (26,8–36), das Auftreten Baron von Ostens im Weinrestaurant Hiller (41,19–30) oder das Zusammentreffen der beiden Liebenden mit Bothos Regimentskameraden und ihren ›Damen‹ auf »Hankels Ablage« (85,7–23) erwähnt. – Die Dialoge sind oft mundartlich eingefärbt (Frau Dörr, Frau Nimptsch), wie überhaupt der Berliner Dialekt auffallend stark verwendet wird. Daran stieß sich ein zeitgenössischer Rezensent, ohne dass er Fontanes Rang als Schriftsteller in Frage stellen wollte: »Eins aber müssen wir entschieden tadeln: die häufige Anwendung von Dialektwörtern nicht blos in den Reden der Personen, sondern auch in der eigenen Erzählung des Verfassers. Schon in früheren Romanen ist Fontane in diesem Stücke bis hart an die Grenzen gegangen, wo die Verständlichkeit aufhört. [...] Entweder man schreibe ganz in der Mundart, dann weiß jeder Leser, was er zu erwarten hat, oder aber, wenn man sich des Schriftdeutschen bedient, so schreibe man ein reines, allen verständliches Deutsch. Jedenfalls meine man nicht, durch solche mundartliche Brocken das Localcolorit erhöhen zu sollen: wer so bestimmte Farben aufzutragen weiß, wie Fontane, hat das überdies gar nicht nöthig.«[26]

Der Roman ist reich an Landschaftsschilderungen. Sie sind zumeist ein Stimmungsspiegel einzelner Personen. Oft werden sie in wiederkehrenden, dennoch unauf-

dringlich verwendeten Symbolen verdichtet. Eindrucksvolle Beispiele dafür liefern uns das 11.–14. Kapitel. –
Fontane liebt Pausen und Zäsuren. Sie sind oft krass und immer bedeutungsvoll. Nachfolgende Episoden werden in aller Regel durch genaue Zeitangaben eingeleitet (35,31; 40,24; 95,21; 107,22; 116,2; 125,2). An vier bedeutenden Stellen wartet der Roman mit ›Zufällen‹ auf, die damit in einen logischen und funktionalen Zusammenhang gebracht werden: Bothos und Lenes zufällige Erstbegegnung (18,2–20), die ganz im Gegensatz zu den ›Verabredungen‹ steht, die in Bothos Kreisen üblich sind. – Das zufällige Aufkreuzen der Regimentskameraden auf »Hankels Ablage« (85,7–11), durch die das Idyllische und Romantische des Zusammenseins vollkommen zerstört wird. – Lenes unverhoffte Begegnung mit dem jungverheirateten Paar (113,2–5), die zu ihrem Umzug führt. – Die zufällige, schicksalhafte Nachbarschaft von Lene und Gideon (122,23–26).

In frühen Kritiken wurde der Rang des Romans als »Kunstwerk« nicht immer richtig erkannt. In Richard Bürkners teils bestätigender, überwiegend allerdings ironisch-einschränkender Rezension aus dem Jahr 1888 ist dazu zu lesen: »[...] denn sonst ist über den Roman als Kunstwerk an sich wenig Rühmliches zu sagen. Er zerfällt in einzelne Episoden, die in allen ihren Einzelheiten breit ausgesponnen, die Beziehung zum Ganzen des öfteren vermissen lassen.«[27] Längst ist herausgearbeitet worden, dass Fontane gerade die nebensächlich erscheinenden Details in seinen Romanen sorgfältigst aufeinander bezogen und miteinander verknüpft hat. Wie wenig von nur lose miteinander verbundenen Episoden gesprochen werden kann, wird im 6. Kapitel (Interpretation) am Beispiel des im Roman breit ausgeführten Ausflugs zu »Hankels Ablage« zu zeigen sein.

# 5. Wort- und Sacherläuterungen

Die zu Grunde gelegte Textausgabe (RUB, 18741) enthält einen verhältnismäßig breit angelegten Anmerkungsteil (S. 181–196). Ebenso leicht zugänglich sind dem Leser Frederick Betz' detaillierte *Erläuterungen und Dokumente* (RUB, 8146) zu Fontanes Roman, sodass in diesem Kapitel lediglich einzelne Hinweise gegeben werden müssen.

**5,2 f. Kurfürstendamm und Kurfürstenstraße:** bekannte Straßen in Berlin; diese Ortsangaben, mit denen der Roman eröffnet wird, sind typisch für Romananfänge bei Fontane. Er unterstreicht damit seine Absicht, realistisch zu schreiben und den Leser in eine vorfindbare Wirklichkeit einzubeziehen (hier: Berlin).

**5,5–28 Gärtnerei:** In Berlin gab es zahlreiche bekannte Gärtnereien mit langer Tradition. Die meisten von ihnen wurden von Nachfahren hugenottischer Refugiés geführt (vgl. Anm. zu 16,5). An der im Roman angegebenen Stelle gab es zu Fontanes Zeit tatsächlich eine Gärtnerei. – In der im Roman als Idylle geschilderten Anlage, Haus mit Garten und dazugehörigem Treibhaus, leben mehr recht als schlecht die Familie Dörr und Frau Nimptsch mit Lene.

**6,1 von der alten Frau Nimptsch:** Im Gegensatz zu vielen positiven Väter-Gestalten kommen die Mütter in Fontanes Romanen nicht so gut weg. Lenes Mutter, so schlicht sie ist, zählt zu den Ausnahmen.

**6,18 Frau Dörr:** Sprechende Namen wie dieser, mit denen Personen anschaulich ausgewiesen werden, sind typisch für Fontanes feine Ironie und seinen Anspielungswitz.

Beides trug ihm nicht immer die Zustimmung seiner Leser ein.

6,30 **mit Dörren seinen Hut:** Der von Frau Nimptsch angesprochene Sachverhalt ist nicht nur für den alten Dörr charakteristisch. Seine und die Knauserigkeit der Brandenburger im Allgemeinen karikiert Fontane an verschiedenen Stellen des Romans. – Ein Kernthema des Romans klingt hier an, das Festhalten der Personen an Bewährtem.

7,29 **Karl Büchsel:** Pfarrer an der Matthäikirche und hoher Kirchenfunktionär. Er lebte von 1803 bis 1883. Seine *Erinnerungen aus dem Leben eines Landgeistlichen* (1863) hatten auf Fontane großen Einfluss. Von Geistlichen hat er zeitlebens viel gelernt. Oft entsprechen die Geistlichen in seinen Romanen aber nicht dem positiven Bild, das er von ihrem Stand gewonnen hat.

10,16 **Hühnerpassion:** eine der Schrulligkeiten des alten Dörr, der ebenso wie seine Frau die »Ordnung« eine natürliche Unordnung in seiner Umgebung zum zufriedenen Leben braucht.

16,5 **Gärtners:** Die hugenottischen Gärtner gehörten zu den besten, ehrbarsten und fleißigsten ihres Berufsstandes, aber auch zu den geizigsten.

20,11 **das ist gar kein christlicher Name:** Die biedere Frau Dörr erkennt in Bothos Namen keinen Anklang an ihr durch Kirche und eigene Familie geläufige Namen. Sie schätzt seinen Träger als »unchristlich«, d. h. in ihrem Welt- und Menschenverständnis als eine Person ein, der man mit Vorsicht zu begegnen hat.

22,31 **ein Gedicht auf seine alte Waschfrau:** Gemeint ist das Gedicht *Die alte Waschfrau* (1833) von Adelbert von Chamisso, der wie Fontane hugenottischer Herkunft war.

24,4 **Knallbonbons:** harmlose Knallkörperchen, die beim

## 5. WORT- UND SACHERLÄUTERUNGEN

Zerplatzen Konfetti oder banale Sinnsprüche freigeben. Die beiden Zweizeiler haben Situationsbezug und vorausdeutenden Charakter.

**27,8 redensartlich:** Lene macht Botho auf die Formelhaftigkeit seiner Ausdrucksweise aufmerksam, die ihr besonders auffällt, wenn er mit seinen Offizierskameraden zusammen ist. Sie spricht ›natürlicher‹.

**30,26–31 im Garten war alles Duft und Frische:** Fontanes Liebe zur Schönheit seiner Heimat kommt an vielen Stellen dieses Romans zum Ausdruck.

**35,32 f. Baron Botho von Rienäcker:** Hier erst wird Botho mit seinem vollen Namen und gesellschaftlichen Titel genannt. Der Familienbesitz, Schloss Zehnden, trägt den Namen einer kleinen neumärkischen Stadt.

**36,5 f. ein Andreas Achenbachscher Seesturm:** Es handelt sich nicht um einen Fantasienamen. Andreas Achenbach (1815–1910) war, ebenso wie sein jüngerer Bruder Oswald Achenbach (1827–1905), ein bekannter Kunst- und Landschaftsmaler seiner Zeit.

**43,15 Cliquot:** bekannte französische Sektmarke, gut und teuer; typisch für Baron von Ostens überzogenen Repräsentationsstil, der, obwohl die Familie von Rienäcker pleite ist, seinen gehobenen Anspruch nicht aufgibt.

**44,23 nichts gelernt als Depeschen schreiben:** Fontane kann sich eine ironische Anspielung auf das von Bismarck gefälschte Telegramm, die berüchtigte »Emser Depesche« (13. 7. 1870), durch die der Krieg gegen Frankreich ausgelöst wurde, nicht verkneifen.

**44,34 Kreuzzeitung:** erzkonservative Tageszeitung, 1848 von Bismarck ins Leben gerufen. Fontane arbeitete für diese Zeitung, obwohl seine Denkweise ihrer politischen Richtung nicht entsprach. Ein Kreuz zierte die Titelseite der Zeitung, deren Motto »Vorwärts mit Gott für König und Vaterland« lautete.

49,28 **heimliche Gichtelianer:** Anhänger des mystischen Predigers Johann Georg Gichtel (1638–1710), die für absolute Keuschheit eintraten.

53,2. **bei der Zülow in Pension:** bekanntes Mädchenpensionat jener Zeit, in das auch Fontanes Tochter Mete ging.

53,21 f. **seine Weißzeugdame ... erheben soll:** geistreiches Wortspiel; Bothos Regimentskameraden wissen, dass Lene sich mit Wäschebügeln ein Auskommen verdient. Anstelle der schulischen Berufsbezeichnung ›Büglerin‹ oder ›Plätterin‹ wählt Wedell den hochtrabenden Ausdruck »Weißzeugdame« für Lene, die, falls Botho sie heirate, dann gleichsam zur ›Königin‹ erhoben würde (»weiße Dame« im Schachspiel).

55,31 **Engelsköpfe:** Fontane nimmt in diesem Bild der zerborstenen Stuckornamente das Zerfallen der Beziehung Bothos und Lenes voraus. Auch Lene wird demnächst auf dem Ablageplatz (der Erinnerung) zu finden sein.

60,1 f. **Morgenrot:** Anfang eines Gedichtes von Wilhelm Hauff (1802–27), das in einer von ihm selbst herausgegebenen Anthologie *Kriegs- und Volkslieder* (1824) zusammen mit Gedichten von Arndt, Goethe, Körner, Schiller u. a. unter dem Titel *Reuters Morgengesang* erschien.

60,4 **Denkst du daran:** Duett aus dem 1. Akt des Liederspiels *Der alte Feldherr* von Karl von Holtei (1798–1880). Die wenig empfindsame Frau Dörr ahnt nicht, welch schwermütige Gedanken die Zeilen gerade dieses Liedes, das sie mit Inbrunst singt, in Botho und Lene wachrufen.

63,9 **Der Mann mit der eisernen Maske:** eine in der Literatur wiederholt aufgegriffene (und verfilmte) Geschichte über einen Gefangenen im Pariser Gefängnis »La Bastille« unter Ludwig XIV. Der Gefangene durfte seine eiserne Maske nie abnehmen. Wahrscheinlich erwies Fontane dem Verfasser des Romans *Le prisonnier de la bastille* (1861), Alexandre Dumas fils (1824–95), mit dieser literarischen Anspielung seine Reverenz. Fontane kannte Dumas persönlich und war auch mit seinem Werk bestens vertraut. Als Theaterkritiker der *Vossischen Zeitung* rezensierte Fontane wiederholt auch Aufführungen von Dumas' Bühnenstücken.

63,30 **Immortellen:** Das Wort ist lat.-frz. Ursprungs und bedeutet »unsterblich«. Es handelt sich um ›Strohblumen‹, die ihre Farben lange behalten. Symbolischer Bedeutungsgehalt auch für die Liebe Lenes und Bothos, die beide der Frau Nimptsch einen Immortellenkranz als Zeichen innigster und immer währender Liebe ans Grab hängen.

72,2 **Teufelsabbiss:** Pflanze, der eine große Heilkraft zugeschrieben wird. Lenes Wissen um die Wirkkräfte der Pflanzen und Blumen beweist ihr Vertrautsein mit der Natur und ihre ungekünstelte Lebenseinstellung. Ein wenig Aberglaube ist damit verbunden, den sie mit ihrer Pflegemutter und Frau Dörr teilt. Botho lässt sich auf die Erklärungen und Spielchen, die für Lene eine tiefere Bedeutung haben, wohl ein; er wahrt aber eine gewisse Distanz.

76,18 **Gespensterschiff:** vermutlich eine durch Wilhelm Hauffs *Geschichte von dem Gespensterschiff* angeregte Assoziation. Das Gespräch Bothos mit dem Wirt steht im Kontrast zu Lenes Selbstvergewisserung in diesem Abschnitt des 12. Kapitels.

81,4 **das vor ihr ausgebreitete Bild:** Die Ruhe, die von der Natur ausgeht, überträgt sich auf Lene. Umgekehrt kann sie in einer ausgeglichenen Gemütsverfassung die Eindrücke tief in sich aufnehmen. Sie befreit sich von allem, was fremd zwischen ihr und Botho steht.

85,18 f. **Isabeau ... Johanna ... Margot:** Beziehungsreich und ironisch verwendete Namen aus Schillers *Jungfrau von Orléans*.

97,7 f. **Sparsamkeits- und Ängstlichkeitsprovinz:** Ein wenig mitleidig, natürlich auch spöttisch spielt Fontane hier auf die bescheidene Rolle Brandenburgs an, das bis zum Ende des 17. Jahrhunderts immer wieder von Epidemien, vielerlei Not und Kriegselend heimgesucht worden war. Berlin war bis dahin ein unbedeutendes Dorf und seine Umgebung ein verelendetes Gebiet. Erst durch den von Friedrich I. (1657–1713) geförderten Zuzug der aus Frankreich vertriebenen oder geflohenen Hugenotten wurde Brandenburg zivilisiert. Von da an blühte die Region auch wirtschaftlich auf. Dennoch waren die Brandenburger sprichwörtlich genügsam.

101,13 **Ludwig von Hinkeldey:** Berliner Polizeipräsident seit 1848. – Ludwig von Hinkeldey (1805–56) war ein unbestechlicher Advokat der Gerechtigkeit, der auch den adeligen Offizieren nichts durchgehen ließ. Eine Offiziers-Clique provozierte ihn deshalb zu einem Duell, in dem er tödlich verwundet wurde (10.3.1856). Schauplatz des Duells war die im Roman wiederholt genannte »Hasenheide«, ein Schießübungsplatz.

120,10 **zum Cattol'sch-Werden:** eine von Fontanes vielen herzerfrischenden sprachlichen Wendungen. Sie hat ihren Ursprung in der Zeit der Gegenreformation. Calvinistischen Glaubensanhängern (Hugenotten, z. B.) blieb außer der Flucht nur die Rückkehr in den Schoß der katholischen Kirche durch Abschwören des ›Irrglaubens‹.

135,8 **Fingerhut:** hochgiftige Blume mit verführerisch schönen Blütenkelchen; in der Medizin als Mittel zur Herzstärkung verwendet.

135,36 **Rollkrug:** bekanntes Ausflugslokal im Südosten Berlins.

1138,18 f. **aus welfischem Antagonismus:** Anspielung auf die Anhänger des Königshauses Hannover, das gezwungen war, zugunsten Preußens auf Thronansprüche zu verzichten und darüber nicht erheitert war.

149,2 **Kirchhofsgegend:** Gebiet im alten Berliner Südosten, in dem es mehrere Friedhöfe gab.

149,9 f. **ein halber Richtiger-Berliner:** Nur wer in Berlin geboren ist, darf sich zu den ›richtigen‹ Berlinern zählen. Die Stadt hatte einen immer größer werdenden Menschenzustrom zu verkraften und erreichte schon um die Mitte des 19. Jahrhunderts die Millionengrenze. – Der Kutscher ist stolz darauf, zu den Alteingesessenen zu gehören und unterscheidet sich selbstbewusst von den erst jüngst Zugezogenen. Die rasche Verschmelzung von Menschen unterschiedlichster Herkunft und unterschiedlichen Standes zu ›Berlinern‹ hob in beschleunigtem Tempo auch die gesellschaftlichen Schranken auf.

160,20 **die Vandalen:** bekannte Heidelberger Studentenverbindung.

160,20 **alten Herren:** inaktive Mitglieder einer studentischen Verbindung. So genannte »schlagende Verbindungen«, in denen die Studenten scharfe Klingen kreuzten und stolz darauf waren, einen »Schmiss« im Gesicht davonzutragen, standen bei der akademischen Jugend hoch im Kurs.

169,5 **Aber die drüber haben es nicht besser:** Beides erscheint Botho gleich schlecht: sich unter einer einstürzenden Brücke zu befinden oder mit ihr einzustürzen. Der Hintersinn des Satzes ist aus dem Kontext zu deuten: Botho spielt auf Lenes (unter der Brücke) und seine (auf der Brücke) gesellschaftliche Situation an, die ihm in der Verbindung mit seiner Geliebten keinen Vorteil bringt.

175,30 f. **General von Bischofswerder:** Der in der Gunst Friedrich Wilhelms II. stehende Johann Rudolf von Bischoffwerder (1741–1803) war Freimaurer und hatte großen Einfluss am königlichen Hof. Durch seine Geisterbeschwörungen wirkte er aufklärerischer Vernunftsentfaltung allerdings entgegen. Er besaß aber ausgeprägte diplomatische Fähigkeiten, mit denen er seine eigentlichen Missionen zwischen König und Ministerrat erfolgreich und zur Zufriedenheit beider Seiten erfüllte.

175,34 **seiner Geliebten:** Wilhelmine Encke (1753–1820), spätere Gräfin von Lichtenau, lautete der bürgerliche Name jener Frau, die Friedrich Wilhelm II. kennen gelernt hatte, als sie noch ein junges Mädchen war. Sie ist als seine ›eigentliche‹ Gemahlin in die Geschichte eingegangen.

176,7 **Wie muss sie gelitten haben:** ganz aus dem Gefühl heraus gesprochenes Urteil Käthes, in dem ihr rechtschaffener Sinn hervortritt, der aber zugleich ihr lückenhaftes Geschichtswissen aufdeckt: Königin Luise (1776–1810), die sehr populäre Gemahlin Friedrich Wilhelms III., stand im privaten wie politischen Leben mit beiden Beinen fest auf dem Boden der Tatsachen. Das Königspaar führte eine aufgeklärte Ehe.

# 7. Autor und Zeit

Henri Théodore Fontane wurde am **30. Dezember 1819** in Neuruppin geboren und starb am **20. September 1898** in Berlin. Er hinterließ ein umfangreiches schriftstellerisches Werk. Es zeigt ihn als einen sehr vielseitigen und überaus produktiven Schriftsteller. Seine Werke können vereinfacht in fünf Abteilungen gegliedert werden: (1) Gelegenheitsgedichte, Lieder und vor allem Balladen; (2) Reiseberichte und Werke zur Kriegs- bzw. Zeitgeschichte; (3) literarhistorische und literar-theoretische Essays, Theaterrezensionen; (4) Lebenserinnerungen und Briefe; (5) Romane und Erzählungen. – Fontane begann bereits in jungen Jahren zu schreiben. Als ein ›Balladendichter‹ war er relativ früh bekannt und geschätzt. Erst im fortgeschrittenen Alter wurde er zum Romanschriftsteller.

Fontane hatte bereits zwei ›Berufskarrieren‹ hinter sich, als er im letzten Lebensviertel seine dritte als Romanschriftsteller startete. Die erste war die eines Apothekers (Brotberuf) mit ausgeprägter Neigung zur Schriftstellerei. Es schloss sich die eines reisenden Korrespondenten für verschiedene Zeitungen und andere publizistische Organe an. Diese zweite, den Lebensunterhalt sichernde ›Karriere‹ mündete in eine dritte, in der Fontane 1870 für die nächsten zwanzig Jahre Theaterreferent bei der *Vossischen Zeitung* wurde und sich den Ruf eines versierten Theaterkritikers erarbeitete. Im letzten Viertel seines Lebens (1878–98) entstanden seine bekannten Romane. Keiner seiner Romane machte ihn jedoch sogleich berühmt. Sein Ansehen als Erzähler wuchs erst mit der Zahl seiner zwischen 1878 und 1898 in rascher Folge veröffentlichten Bücher, von denen

*Irrungen, Wirrungen*, *L'Adultera* und *Effi Briest* bald zu den beliebtesten zählten.

Vier Dinge fallen an Fontane die nahezu achtzig Jahre über, die er lebte, auf: 1. Er las ungeheuer viel und schrieb noch mehr, zeitlebens. 2. Von Kindheit an war er nahezu unablässig ›unterwegs‹; er wechselte beständig seine Wohnorte und Wohnungen, ehe er um 1870 in Berlin (Potsdamer Straße) endlich sein »Nest« fand. Doch selbst dort war er noch viel auf Achse. 3. Er war chronisch um Geld verlegen trotz teilweise recht guter Einkünfte. 4. Er kränkelte oft. Dennoch war er ein lebenszugewandter und humorvoller Mensch, der seinen Mitmenschen viel abverlangte, ihnen aber noch mehr gab.

Fontane entstammte einem sehr herkunftsbewussten hugenottischen Elternhaus. Sein Vater, Louis Henri Fontane, war Apotheker. Er war kein sehr erfolgreicher Geschäftsmann, aber er besaß Witz, Fantasie und Humor. Die Mutter, Emilie Fontane, eine geb. Labry, war eine energisch zupackende Frau, zu der Sohn Theodor stets eine distanzierte Einstellung besaß. Den Hugenotten-Stolz übertrugen beide auf ihn. Theodor Fontanes Lebensspanne erstreckte sich ziemlich genau über vier Fünftel des 19. Jahrhunderts. Wie die meisten Hugenotten-Nachfahren war er im Preußentum tief verwurzelt und ließ auf den zu seiner Zeit mächtigsten deutschen Einzelstaat nichts kommen. Er sah vier preußische Könige kommen und gehen. Drei von ihnen waren gar Kaiser des Deutschen Reiches und reichten im berühmten »Drei-Kaiser-Jahr« (1888) einander das Zepter weiter: Wilhelm I., Friedrich III. und Wilhelm II. – Theodor Fontane wurde im Jahr der antidemokratischen »Karlsbader Beschlüsse« (1819) geboren, die der auf Fortschritt und Verän-

*Theodor Fontane*
Fotografie von J. C. Schaarwächter, 1889/90

derung drängenden Jugend Deutschlands Maulkörbe und Ketten verpassten. Über die nächsten beiden Jahrzehnte erlebte er das Hin und Her der Kräfte und Gegenkräfte, die nach Napoleons endgültiger Niederlage (Waterloo 1815) um die politische Neuordnung Europas rangen. Es gab nur die Alternative »zwischen Reaktion und Fortschritt«.[33] Überall in Europa prallten die gegensätzlichen Gesellschaftsauffassungen und Ideologien hart aufeinander. Hier Rückkehr zur alten Ordnung (Monarchie), dort Liberalismus und das Drängen auf durchgreifende soziale Änderungen. Als einen ersten Höhepunkt der stürmischen Zeit erlebte Deutschland 1830 die Auswirkungen der Juli-Revolution in Frankreich. Sie veränderten vorübergehend das politische Klima, besonders im Südwesten Deutschlands, wo es ebenfalls zu Protesten und Aufständen kam. Partielle Reformen und Verfassungsänderungen waren die Folge. Der junge Fontane stand auf der Seite der Stürmer und Dränger, die für eine neue demokratische Grundordnung in Deutschland eintraten. Tatsächlich schien auch in Berlin, der Hauptstadt Preußens, alles darauf zuzulaufen. Der Schein trog. Als 1848 aus Wien die Kunde von Metternichs Sturz kam und man vom Versprechen des österreichischen Kaisers hörte, seinem Volk eine Verfassung zu geben, ging halb Berlin auf die Straße, um Ähnliches von König Friedrich Wilhelm IV. zu fordern. Man schenkte seinen Versprechungen, dem Beispiel Österreichs zu folgen, Glauben. Tief enttäuscht musste man jedoch erleben, wie das Militär später die Angelegenheit auf andere Weise entschied. Dennoch konnte im Mai 1848 die erste deutsche Nationalversammlung einberufen werden. Zweifelsfrei war damit der Grundstein zu mehr Freiheit gelegt. Bald trafen aber aus Österreich und Frankreich schlechte Nachrichten ein:

## 7. AUTOR UND ZEIT 63

Die Reaktion bestimmte dort wieder die politischen Geschicke. Auch in Preußen kehrten sich die Verhältnisse um. Wilhelm IV. nahm viele seiner Zugeständnisse zurück. Die im Jahre 1850 erlassene Verfassung war im Wesentlichen darauf gerichtet, die Untertanen zu kontrollieren und zu lenken, keineswegs ihnen echte Mitspracherechte einzuräumen. Mit der Übernahme der Regentschaft durch Wilhelm I. (1861) und mit Otto von Bismarcks Eintritt in die deutsche Politik (1862) vollzog sich dann die endgültige Rechtswendung. Was sich bis 1848 hoffnungsvoll auf eine liberal-demokratische Gesellschaft zuzubewegen schien, verengte sich auf einen preußischen Konservatismus mit den gefährlichen Grundströmungen eines wachsenden Nationalismus und Imperialismus, die auch die Politik aller übrigen europäischen Großmächte bis zum Ersten Weltkrieg bestimmten. Die Kriege gegen Dänemark (1864 noch mit Österreich als Verbündetem) und später der Preußisch-Österreichische Krieg (1866) leiteten eine abermalige Neuordnung Europas ein, die mit Preußens Sieg im Deutsch-Französischen Krieg (1870–71) ihren vorläufigen Abschluss fand. Deutschland unter Führung Preußens hatte auf dem Kontinent eine Vormachtstellung errungen. Das Hochgefühl der Zeit und das Bewusstsein um die Größe Deutschlands teilte das Volk gegen Ende des 19. Jahrhunderts mit seinem Kaiser (Wilhelm II.), dessen Worte man 1892 bejubelte: »Brandenburger, zu Großem sind wir noch bestimmt, und herrlichen Tagen führe Ich euch noch entgegen.«[34] Aus ihnen sprach gewiss keine preußische Bescheidenheit. – Diesem Preußentum stand Fontane sehr kritisch gegenüber. Während er auf der einen Seite

> Preußens Wandel – nicht nur zum Besseren

> Liebevoll-kritischer Blick auf die Zeit

die Werte und Tugenden des alten Preußens schätzte, trat er zur Prahlsucht und zum Militarismus des modernen Preußen in einen ironischen Abstand. Stets stand für ihn jedoch außer Frage, gegen den Staat, in dem er lebte und den er liebte, zu polemisieren. Theodor Fontane wird als der literarische Chronist Preußens bezeichnet, in dessen Werk sich das alte und neue Preußen spiegeln. Seine Gesellschaftsromane spielen in Berlin und in der Mark Brandenburg. Sie behandeln allgemein menschliche und soziale Probleme. Oft sind in ihnen die Folgen eines starren Festhaltens am Standesdenken thematisiert, an denen die Beziehungen seiner Romanfiguren scheitern, ganz so wie im richtigen Leben. »Ich habe das Leben immer genommen, wie ich's fand, und mich ihm unterworfen«[35], schrieb er an seine Frau. Mit dieser Haltung überlebte er die Konflikte und Probleme seiner Zeit. Als eine Art Vermächtnis gilt sein Roman *Der Stechlin*, ein »Dokument von schwereloser und profunder, zwangloser, aber thematisch und symbolisch konzentrierter Alltagskunst«[36]. Fontane selbst nannte ihn einen »politischen« Roman, der sich allerdings durch die Unparteilichkeit seines Autors weit über alles Alltagspolitische erhob.

**1827–36** Schon Fontanes Kinder- und Jugendjahre verliefen sehr unruhig. Mehrfach zog die Familie um. Kurzzeitig besuchte Theodor Fontane die Volksschule in Swinemünde, wo der Vater eine Apotheke gekauft hatte. Zusammen mit anderen Kindern gut situierter Familien erhielt er jedoch mehr Privatunterricht im Elternhaus, in dem er eine breit angelegte Bildung erfuhr. Theodor interessierte sich lebhaft für Geschichte und Literatur. Die historischen Romane des schottischen Schriftstellers Walter Scott wurden zeitweilig seine Lieblingslektüre. Vom polnischen Freiheitskampf war er fasziniert. Fontanes politisches Bewusstsein begann sich zu entwickeln und zu schärfen. – Nach einer Stippvisite am Neuruppiner Gymnasium besuchte Fontane von 1833 bis 1836 die damals bekannte Berliner Gewerbeschule C. F. von Klöden und machte dort sein »Einjähriges« (heute: Sekundarstufe I – Abschluss). Anschließend begann er eine Ausbildung zum Apotheker. Von Beginn an jedoch empfand er schmerzvoll den Gegensatz zwischen der Vorbereitung auf einen Pflichtberuf und seiner Neigung zur Schriftstellerei. Der Wechsel nach Berlin aber war nach mehrfachen Zwischenaufenthalten in Magdeburg, Leipzig und Dresden in allen Belangen fördernd und lebensbestimmend: In Berlin lernte Theodor Fontane 1835 seine spätere Verlobte und Frau Emilie Rouanet-Kummer kennen, die wie er einer hugenottischen Familie entstammte. Berlin wurde »seine« Stadt, in der er über sechzig Jahre leben würde, auch wenn er sie häufigst verließ, zumeist aus beruflichen Gründen. Schließlich brachte ihn die preußische Hauptstadt mit Menschen zusammen, die er in der Provinz oder auch in einer anderen Großstadt nicht hätte treffen können und die seine literarische Entwicklung förderten.

> Fontane zwischen Pflicht und Neigung

**1837–49** Fontane wollte Schriftsteller sein. Schon während seiner Ausbildungszeit schrieb er sehr regelmäßig. Er nahm auch jede Gelegenheit wahr, um Anschluss an literarische Kreise zu gewinnen, wo immer er sich aufhielt. In Berlin hatte er mit Gedichten, Novellen und Theaterkritiken erste Erfolge. Besonders seine Balladen fanden bald großen Anklang. Im »Tunnel über der Spree«, einem der unpolitischen literarischen Vereine, machte er 1844 die Bekanntschaft Theodor Storms und Paul Heyses. Im »Tunnel« lernte er (1844) auch Bernhard von Lepel kennen, in dem er einen Freund fürs Leben fand. Oft war es Lepel, der ihm mit Geld aushalf und dessen weitreichende Verbindungen sich für den angehenden Dichter als sehr nützlich erwiesen. – Im selben Jahr absolvierte er seinen Militärdienst, der kurioserweise mit einem Urlaub begann: Zusammen mit einem ehemaligen Schulfreund reiste er im Mai zum ersten Mal nach London. Die Stadt, die Menschen und die politische Kultur Englands beeindruckten ihn nachhaltig. An ihnen orientierte er sein zukünftiges Denken. 1847 bestand Fontane das Apotheker-Examen. Er besaß jedoch nicht den finanziellen Rückhalt, um sich anschließend auf eigene Füße zu stellen. Für ein Jahr übte er die Tätigkeit eines Pharmazeuten an einem Berliner Krankenhaus aus (1848/49). Nach dem Ende dieser Arbeitszeit, die ihn nur in einem geringen Maße forderte und zufrieden stellte, war er entschlossener denn je, sich ganz auf die Schriftstellerei zu werfen.

**1850–59** Doch das war vorerst noch ein Wunschtraum. Seine journalistische Arbeit trug ihm nicht viel ein, die dichterische noch weniger. Anfang 1850 ging es ihm wirtschaftlich schlecht. Trotz einer noch sehr ungesicherten Zukunft heiratete Theodor Fontane am 16. Oktober 1850 seine Verlobte Emilie Rouanet-Kummer. Nun war er erst recht auf ein solides Einkommen angewiesen. Noch konnte er als ›freier Schriftsteller‹ nicht leben und eine Familie ernähren. Im Jahr 1851 wurde Sohn George Emile geboren, das erste von insgesamt sieben Kindern, von denen drei

*Arbeit als Journalist*

starben. – Einem zweiten London-Aufenthalt (1852) folgte drei Jahre später ein dritter, der dieses Mal über drei Jahre dauerte (1855–59). Fontane reiste als eine Art »Auslandskorrespondent« im Auftrag der Regierung. Freunde hatten ihm den Posten vermittelt. Schon nach einem Jahr wurde die Stelle gestrichen, aber es war ihm anheim gestellt in England zu bleiben und weiterhin von dort zu berichten. Fontane fühlte sich sehr wohl in England, obwohl ihm die karge englische Lebensweise und die geringe Abwechslung in den Mahlzeiten immer wieder schwer zusetzten. Auch Emilie war diesmal mit Sohn George für einige Zeit bei ihm, ehe sie es vor Heimweh nicht mehr aushalten konnte und im Mai (1856) nach Deutschland zurückkehrte. Im November 1856 wurde Sohn Theodor Henry geboren. Ein Jahr später entschloss sich Emilie dazu, mit George und dem sechs Monate alten Theodor doch zu ihrem Mann nach England zu ziehen. Sie lernte eifrig Englisch. Im Juli 1857 kamen sie in London an. Sie blieb bis zur Rückkehr der ganzen Familie am 22. Januar 1859. – Von England aus hielt Fontane Verbindung zur *Neuen Preußischen Zeitung* (*Kreuzzeitung*, siehe Kapitel 5, Wort- und Sacherläuterungen, Anm. zu 44,34), für die er aus England erstmals am 18. Oktober 1856 schrieb.

**1860–70** Nach einem sehr unruhigen, jedoch eminent inspirierenden und lehrreichen Jahrzehnt wurde Fontane mit seiner Rückkehr aus England und Schottland fest angestellter Redakteur bei der *Kreuzzeitung*, für die er für weitere zehn Jahre arbeitete. Die literarische Frucht dieser Zeit waren u.a. die *Wanderungen durch die Mark Brandenburg*, mit denen er sich den Ruf eines kulturgeschichtlichen Regionalexperten und Preußenken-

> Der Preußen-Experte seiner Zeit

ners erwarb. Diese literarischen Reiseberichte sicherten ihm ein zusätzliches Einkommen, als sie ab 1862 in Buchform erschienen. – Die nächsten Jahre sahen ihn viel auf Reisen, u.a. als Kriegsberichterstatter in Schleswig-Holstein (1864) und Böhmen (1866). – Viel persönliches Leid (Tod von Emilies Mutter 1867; Tod des Vaters 1868; Tod der Mutter 1870), gesundheitliche Probleme, häusliche Unstimmigkeiten, erneuter Umzug und eine immense Arbeitsbelastung machten die Lebensmitte Theodor Fontanes aber auch zu einer sehr krisenhaften Zeit. Rückblickend allerdings schilderte er die produktiven Jahre, in denen er finanziell gut gepolstert für die *Kreuzzeitung* arbeitete und ein reges gesellschaftliches Leben führte, als eine sehr glückliche Zeit in seinem Leben. – Zwei weitere Kinder vergrößerten die Familie Theodor und Emilie Fontane: Tochter Martha (1860) und Sohn Friedrich (1864). Sie waren für die finanziell oft angespannte Ehe der Fontanes, in der besonders Emilie die Hauptlast zu tragen hatte, keine Erleichterung.

**1871–78** Im April 1870 hatte Fontane seine Mitarbeit bei der *Kreuzzeitung* gekündigt. Emilie, die sich zu der Zeit in England aufhielt, war über den Verlust des finanziellen Rückhalts nicht erbaut. Doch ab Mitte August hatten sie wieder festen Boden unter den Füßen. Fontane bekam eine Festanstellung als Theaterkritiker bei der *Vossischen Zeitung*. Er berichtete nun regelmäßig aus dem Königlichen Schauspielhaus. Seine Kritiken waren außerordentlich differenziert, sehr eigenständig und ausgewogen. Sie gehörten zum Besten, was man in diesem Genre zu lesen bekam. – Im Juli 1870 begann der Deutsch-Französische Krieg. Erneut reiste Fontane als Kriegsberichterstatter an die Front, diesmal im Auftrag des Verlages Decker. Er wurde im Oktober 1870 als Spion verhaftet, als er sich in Domrémy, der Geburtsstadt Jeanne d'Arcs, aufhielt. Dank der druckvollen Intervention Bismarcks kam er bereits im November wieder frei. Die Erinnerungen an die nicht ganz ungefährliche Situation, in der er sich befunden hatte, hinderten ihn nicht, ein Jahr später zu einem zweiten längeren Frankreich-Aufenthalt aufzubrechen. – Nach dem unruhigen Jahrzehnt, das hinter ihm lag, verlebte Fontane anschließend eine vergleichsweise sesshafte Zeit, seine eigentlichen »Berliner Jahre«. Ein letztes Mal zog er um (1872). Von einigen Erholungsreisen abgesehen (Schlesien, Bad Kissingen), hielt er sich überwiegend in Berlin auf. Zwei ausgedehnte Italien-Reisen gehörten zu den herausragenden Reise-Erlebnissen dieses Jahrzehnts (September – November 1874, mit Emilie; August – September 1875, allein). Er besuchte auch Österreich und die Schweiz. – Fontane arbeitete während dieser Zeit hart und ehrgeizig an literarischen Projekten, in der Hauptsache an seinem großen Geschichtsroman *Vor dem Sturm*, den er 1878 nach fünfzehnjährigen Vorarbeiten endlich abschloss.

**1879–98** In den folgenden zwanzig Jahren schrieb Fontane sein literarisches Haupt-Œuvre, sechzehn unterschiedlich lange Romane und Novellen. Sie wurden und werden zusammen mit den *Wanderungen* am ehesten mit seinem Namen verbunden. Die Ehe der Fontanes hielt, obwohl beide Ehepartner über viele Jahre oft an verschiedenen Orten weilten. Das Verhältnis beider zu ihren Kindern, die mittlerweile ihre eigenen Lebenswege beschritten, ge-

> Romanschriftsteller

staltete sich gut. Eine sehr vertrauensvolle Beziehung hatte sich zwischen Theodor Fontane und seinem Sohn Friedrich entwickelt, der einen Buchverlag betrieb, in dem er auch die Werke des Vaters publizierte.

Am 31. Juli 1898 starb der »eiserne Kanzler«, Otto von Bismarck. Fontane betrauerte seinen Tod tief, ohne zu ahnen, wie schnell er ihm selbst nachfolgen würde. Ganz still schlief er, nicht einmal acht Wochen später, am 20. September in seiner Wohnung ein. Er wurde auf dem Französischen Friedhof in der Liesenstraße begraben.

### Hauptwerke

1850 *Männer und Helden. Acht Preußenlieder.*
*Von der schönen Rosamunde* (Romanzenzyklus).
1851 *Gedichte.*
1854 *Ein Sommer in London* (Reisebericht).
1860 *Aus England* (Reisebericht).
1861 *Balladen.*
1864 *Jenseit des Tweed. Bilder und Briefe aus Schottland.*
1868 *Der Schleswig-Holsteinische Krieg im Jahre 1864.*
1870 *Der deutsche Krieg von 1866.*
Theaterkritiken für die *Vossische Zeitung.*
1871 *Kriegsgefangen. Erlebtes.*
*Aus den Tagen der Occupation.*
1873 *Der Krieg gegen Frankreich 1870–71. Band 1.*
1874 *Gedichte.*
1875 *Der Krieg gegen Frankreich 1870–71. Band 2.*
1878 *Vor dem Sturm* (Roman).
1879 *Grete Minde* (Novelle).
1880 *L'Adultera* (Roman).

1881 *Ellernklipp* (Erzählung).
1882 *Schach von Wuthenow* (Erzählung).
1884 *Graf Petöfy* (Roman).
1885 *Unterm Birnbaum* (Roman).
1886 *Cécile* (Roman).
1887 **Irrungen, Wirrungen** (Roman).
1890 *Stine* (Roman).
1891 *Quitt* (Roman).
   *Unwiederbringlich* (Roman).
   *Die gesellschaftliche Stellung der Schriftsteller* (Aufsatz).
1892 *Frau Jenny Treibel* (Roman).
1893 *Meine Kinderjahre* (Autobiografischer Roman).
1895 *Effi Briest* (Roman).
1896 *Die Poggenpuhls* (Roman).
1897 *Der Stechlin* (Roman-Vorabdruck).
1898 *Gedichte* (5., vermehrte Auflage).
   *Von Zwanzig bis Dreißig* (Autobiografie).


Postum:

1906 *Mathilde Möhring* (Roman).
1909 *Briefe.* Zweite Sammlung.
1919 Jubiläumsausgabe der *Gesammelten Werke* (10 Bände im S. Fischer Verlag, Berlin).
1937 *Briefe.* Dritte Sammlung: *Theodor Fontane. Heiteres Darüberstehen.*
   *Familienbriefe. Neue Folge.*
1994 *Tagebücher* (»Große Brandenburger Ausgabe«).

## Weitere Daten um Fontane

1902 (18.2.) Emilie Fontane stirbt.
1908 (8.6.) Einweihung des Fontane-Denkmals in Neuruppin.
1910 (7.5.) Einweihung des Fontane-Denkmals im Berliner Tiergarten.
1933 Versteigerung des Fontane-Nachlasses.
1990 (15.12.) Fontane-Gesellschaft gegründet.

## 8. Rezeption

Zu Beginn des 20. Jahrhunderts, in den ersten zehn Jahren nach Fontanes Tod also, war das öffentliche Interesse an seinem Werk relativ groß, das wissenschaftliche dagegen sehr gering. Aber nur wenige seiner Romane wurden wirklich geschätzt, das Gesamtwerk war weder erschlossen noch verbreitet. Die Mehrzahl der Leser liebten Fontanes *Balladen* und die *Wanderungen* und begnügten sich damit. Einzelne Romane waren sehr beliebt, so *Stine*, *Irrungen, Wirrungen* und *Effi Briest*. Der »ganze« und vor allem der politische Autor Fontane waren nicht gefragt, insbesondere nicht der Kritiker Preußens. Zudem herrschten neue literarische Strömungen vor, und andere Autorennamen füllten die Schlagzeilen.[37] Aus diesem Blickwinkel betrachtet, muss der Verkaufserfolg von *Irrungen, Wirrungen* als geradezu sensationell bezeichnet werden.[38]

An diesem Erfolg hatte Fontanes jüngster Sohn Friedrich, genannt »Friedel« (1864–1941), einen bedeutenden Anteil. Nach Abschluss einer Buchhändlerlehre (1884) hatte er begonnen, sein eigenes Verlagsgeschäft eigenständig und ehrgeizig aufzubauen. Sein Ziel war es, auch die Werke seines Vaters erfolgreich zu verbreiten. Zunächst misstraute Theodor Fontane den Plänen seines Sohnes, die er auf Sand gebaut sah. Friedrich Fontane setzte sein Vorhaben jedoch innerhalb weniger Jahre gewinnbringend durch. Nacheinander brachte er die Romane seines Vaters in guten Ausgaben heraus. Eine Gesamtausgabe war geplant, als Theodor Fontanes Tod die Erfolgsgeschichte unterbrach. Dennoch hatte Friedrich Fontane bis 1904 die Novellen und Romane des Vaters in zehn Bänden veröffentlicht. Ihnen folgten bis 1910 elf weitere Bände. Paul Schlenther (1854–1916), Schriftsteller und Theaterleiter in Berlin, hatte bereits 1909 zwei Bände mit Briefen Fontanes herausgegeben. 1915 schrieb er die Einleitung zu einer fünfbändigen Fontane-Ausgabe, die im selben Jahr bei Samuel Fischer herauskam, der sich schon 1908 Rechte an einzelnen Fontane-Titeln gesichert hatte. Während des Ersten Weltkrieges brach der Verlag Friedrich Fontane & Co. wirtschaftlich ein. Samuel Fischer (1859–1934) kaufte ihn 1918 auf. In preiswerten Einzelausgaben brachte er nun Fontanes Erzählwerk heraus, das sich rasch eine breite Leserschaft eroberte. Es war dieser weitsichtigen Initiative zu verdanken, dass Fontane ab dem zweiten Jahrzehnt des vergangenen Jahrhunderts endlich Leser in allen Gesellschaftsschichten fand. Unter den Bestsellern aus dem Hause Fischer war 1925 auch *Irrungen, Wirrungen* zu finden. Der Roman behauptete sich mit einer Auflagenhöhe von über 150 000 Exemplaren noch vor Thomas Manns beliebter Novelle *Der kleine Herr Friedemann*. *Irrungen, Wirrungen* blieb auch weiterhin Fontanes beliebtester Roman, selbst wenn beklagt wurde, dass die gebildeten Kreise ihn immer noch nicht genug lesen würden.[39] Trotzdem wurde Theodor Fontane bereits zwanzig Jahre nach seinem Tod von der zeitgenössischen Kritik übereinstimmend als der Schriftsteller gesehen, mit dem die realistische Erzählkunst des 19. Jahrhunderts einen absoluten Höhepunkt erreicht hatte.

| Fontane und kein Ende |

In der deutschen Literatur des 20. Jahrhunderts wurde die teils bewusste, teils unbewusste, angedeutete oder ausgeführte Rezeption Fontane'scher Elemente zum integralen Bestandteil im Werk vieler Autoren. Neben den zeitgeschichtlichen Romanzyklen von Lion Feuchtwanger, Anna Seghers, Ehm Welk oder Arnold Zweig sind aus der jüngsten deutschen Literatur vornehmlich die »Pönichen«-Romane Christine Brückners zu erwähnen, die unmittelbar auf Fontane zurückgehen. Ihr Verständnis des künstlerischen Schaffensprozesses ähnelte dem Fontanes, der beim Schreiben einem »dunklen Drange« folgte, ein schöpferischer Vorgang, der ihn auch beim Schreiben seiner *Irrungen, Wirrungen* maßgeblich leitete.[40] Zu ihrer kritischen Verbundenheit mit Theodor Fontane hat sich Christine Brückner in zahlreichen Werken direkt bekannt.[41]

Der politische Schriftsteller Fontane wurde erst nach dem Zweiten Weltkrieg entdeckt, als man die Bedeutung seiner Briefe und essayistischen Schriften als einen wesentlichen Teil des Gesamtwerkes erkannte. Die Zahl der Veröffentlichungen zu seinem Leben und Werk stieg gewaltig an. Mehrere Verlage brachten neue Gesamtausgaben heraus (Nymphenburger Ausgabe, Hanser-Ausgabe, Große Brandenburger Ausgabe). Trotz einer ›Klassiker-Flaute‹ in den zwei Jahrzehnten 1960–80 standen Fontanes *Irrungen, Wirrungen* diesseits und jenseits der Demarkationslinie auch fest im Literaturkanon der Schulen in zahlreichen preiswerten, eigens für den Unterricht bearbeiteten Ausgaben. Es war der Roman, der sich für eine normen- und gesellschaftskritische Interpretation bestens anbot.

Einen gewaltigen Anschub erhielt Fontanes Popularität noch einmal in den Jahren nach der deutschen Wiedervereinigung. Nicht allein die Gründung der Theodor Fontane Gesellschaft (1990) stellt in diesem jüngsten Abschnitt deutscher Literatur und Geschichte einen Meilenstein dar. Die anschauliche und lebendige Erst- oder

Neubegegnung mit Fontanes Lebenswelten hatte für viele Menschen, die ungehindert aus den alten Bundesländern nach Berlin und Brandenburg reisen konnten, eine nachlesende Auseinandersetzung mit ihm zur Folge. Einmal mehr wurden aus dem Erzählwerk *Irrungen, Wirrungen* und *Effi Briest* die größten Verkaufserfolge. Es ist beinahe überflüssig in diesem Zusammenhang Günter Grass' Roman *Ein weites Feld* zu erwähnen. Für Theodor Pelster steht es außer Frage, dass sich Grass' Roman, dessen Titel auf den weisen Seufzer des alten Briest in *Effi Briest* anspielt, trotz aller ablehnenden Urteile bei seinem Erscheinen jedem »Fontane-Liebhaber empfiehlt«[42].

Jede Auflistung an Namen und Titeln zur Rezeptions- und Wirkungsgeschichte Fontanes ginge an Wesentlichem vorüber, blieben die Nach-Lesen von Autoren unerwähnt, die sich auf Fontanes Spuren die Mark Brandenburg neu erwandert haben. Hans Scholz (1980), Jürgen Wolff (1990) und Christian Graf von Krockow (1991). Wir möchten jedem Leser die Lektüre aller drei Bücher nahe legen (s. Kapitel 10, Lektüretipps), in denen er auf den Spuren Fontanes Gegenwärtiges und Vergangenes zu einem intensiven Bild deutscher Kultur und Geschichte verdichtet findet.

Nach 1945 wendeten sich auch Film und Fernsehen den Fontane-Romanen zu. *Irrungen, Wirrungen* liegt mit vier Verfilmungen gleichauf mit *Effi Briest* und *Mathilde Möhring*. Am bekanntesten ist der *Irrungen, Wirrungen*-Film, der unter der Regie von Rudolf Nölte und mit Cordula Trantow in der Rolle der Lene 1966 gedreht worden ist. Bemerkenswert ist die große Zahl auch anderer gelungener Verfilmungen von Fontane-Romanen. Rund ein Drittel der etwa dreißig Verfilmungen stammt aus der ehemaligen DDR.

*Irrungen, Wirrungen*: 1937, 1945[43], 1963, 1966.
*Cécile*: 1977.
*Effi Briest*: 1938, 1955 (mit Ruth Leuwerick als Effi), 1968, 1974 (Regie: Rainer Werner Fassbinder; Hanna Schygulla als Effi).
*Frau Jenny Treibel*: 1951, 1975, 1982 (mit Maria Schell).
*Grete Minde*: 1976.
*L'Adultera*: 1982, 1990.
*Mathilde Möhring*: 1944, 1964, 1967, 1982.
*Die Poggenpuhls*: 1984.
*Schach von Wuthenow*: 1966, 1977.
*Der Stechlin*: 1975 (Regie: Wolf Hädrich; Buch: Dieter Meichsner).
*Stine*: 1945[43] (als »Das alte Lied«), 1967, 1978.
*Unterm Birnbaum*: 1945, 1964, 1973.
*Unwiederbringlich*: 1968.
*Vor dem Sturm*: 1984.
*Wanderungen*: 1986 (Regie: Eberhard Itzenplitz; Erzähler: Klaus Schwarzkopf).

*Irrungen, Wirrungen* gehört zu den Romanen Fontanes, die sehr früh und wiederholt in alle Kultursprachen übersetzt worden sind. Dabei nimmt man mit Verwunderung zur Kenntnis, dass die erste englische Übersetzung erst 1917 herauskam. Es folgten dann aber rasch weitere, zuletzt 1989. Selbst in Japan (1937), Korea (1979) und China (1984) fand der Roman seine Leser. Eine estnische Übersetzung des Romans gibt es seit 1993.

## 9. Checkliste

### Erstinformation

1. Kennzeichnen Sie die literarische Epoche des »bürgerlichen Realismus« mit ihren wesentlichen Merkmalen.
2. Begründen Sie, weshalb Fontanes Roman ein »Zeitroman« genannt werden kann.
3. Nehmen Sie Stellung zu den typisch preußischen Tugenden/Werten, die sich im Laufe von zwei Jahrhunderten (1700–1900) entwickelt hatten.
4. Umreißen Sie die Rolle und Bedeutung des Adels im späten Preußen.
5. Stellen Sie die gesellschaftliche und politische Situation Preußens / Deutschlands innerhalb Europas zum Ende des 19. Jahrhunderts dar.
6. Erläutern Sie den Begriff »Wilhelminisches Zeitalter«. Formulieren Sie einige Thesen über Fontanes Einstellung zum »Wilhelminismus«.

### Inhalt – Personen – Werkaufbau

7. Fassen Sie den Inhalt des Romans in 25 Sätzen zusammen.
8. Welche Lebensgrundsätze und Werte sind für die Vertreter der Adelsschicht, welche für die der unteren Bürgerschicht maßgeblich? – Beschreiben Sie die Unterschiede in den Lebensgewohnheiten der Dörr/Nimptsch – von Osten / von Rienäcker.
9. Machen Sie mit Hinweis auf entsprechende Textstellen

deutlich, inwiefern Lene eine nüchtern-realistische Sicht auf ihre Beziehung zu Botho hat.
10. Analysieren Sie den Brief der Baronin von Rienäcker an ihren Sohn (96,16–99,4) unter den Aspekten der ›Manipulation‹, der mütterlichen Fürsorglichkeit und Liebe.
11. Stellen Sie in einem kurzen Doppelportrait Lene und Käthe in ihrer Gegensätzlichkeit dar. Vermeiden Sie Wertungen.
12. Geben Sie den beiden Romanhälften eine passende Überschrift.
Geben Sie jedem der 26 Teilkapitel eine Überschrift.

## Interpretation

13. Stellen Sie dar, warum es sich bei *Irrungen, Wirrungen* um einen bürgerlichen Liebesroman handelt.
14. Erläutern Sie die Liebesbeziehung Botho – Lene im Gegensatz zu der Ehebeziehung Botho – Käthe.
15. Die Personen des Romans sprechen ›standesgemäß‹. – Erläutern Sie an einem treffenden Beispiel die »Redensartlichkeit« des Adels.
16. Geben Sie Beispiele für die Rolle des ›Zufalls‹ in diesem Roman und erklären Sie seine Bedeutung aus dem Kontext der Handlung.
17. Welche Bedeutung haben die landschaftlichen Schilderungen im Roman? – Wählen Sie ein Beispiel aus und erläutern Sie es.
18. Der Ausflug zu »Hankels Ablage« ist das Kernstück des Romans. Vollziehen Sie in einem Schaubild / in einer grafisch-optischen Analyse die Aufbaulinien der Kapitel

11–14 nach, ordnen Sie Personen und markante Textpassagen zu.
19. Skizzieren Sie Momente der Desillusionierung im Roman.
20. Welche Deutung des Schlusssatzes (»Gideon ist besser als Botho«) erscheint Ihnen am zutreffendsten? Begründen Sie aus dem Kontext.
21. Erklären Sie die zeit- und gesellschaftskritischen Momente des Romans.

## Rezeption

22. Zählen Sie einzelne Faktoren auf, durch die der Roman eine breite Leserschaft fand.
23. Nennen Sie Gründe dafür, dass die politische Dimension im Werk Fontanes erst relativ spät erkannt und gewürdigt wurde.
24. Erläutern Sie die Bedeutung der deutschen Wiedervereinigung für die Fontane-Rezeption.
25. Charakterisieren Sie Christine Brückners Text *Und dann die festlichen Kastanien*[44] unter dem Aspekt seiner ›Fontane-Verwandtschaft‹.
26. Welche Aspekte würden Sie als Regisseur einer Neuverfilmung des Romans *Irrungen, Wirrungen* in den Vordergrund rücken?

## 10. Lektüretipps

### Werkausgaben

Sämtliche Werke. Hrsg. von Edgar Gross, Kurt Schreinert, Rainer Bachmann, Charlotte Jolles, Jutta Neuendorff-Fürstenau, Peter Bamböck. München 1959 ff. (Nymphenburger Ausgabe.)

Werke, Schriften und Briefe. Hrsg. von Walter Keitel und Helmuth Nürnberger. München 1962 ff. (Hanser-Ausgabe.)

Große Brandenburger Ausgabe. Hrsg. von Peter Goldammer, Gotthard Erler, Anita Golz, Jürgen Jahn. Berlin 1969 ff. (Große Brandenburger Ausgabe.)

*Irrungen, Wirrungen.* Roman. Mit Anm. von Frederick Betz. Stuttgart: Reclam, 2010 (RUB. 18741.) – *Nach dieser Ausgabe wird zitiert.*

### Allgemeine Darstellungen

Ahrens, Helmut: Das Leben des Romanautors, Dichters und Journalisten Theodor Fontane. Düsseldorf 1985.

Arnold, Heinz Ludwig (Hrsg.): Theodor Fontane. München 1989. (Text + Kritik. Sonderband.)

Beintmann, Konrad: Theodor Fontane. München 1998.

Berbig, Roland / Bettina Hartz: Theodor Fontane im literarischen Leben. Berlin 2000.

Chambers, Helen: Theodor Fontanes Erzählwerk im Spiegel der Kritik. 120 Jahre Fontane-Rezeption. Übers. aus dem Englischen von Verena Jung. Würzburg 2001.

Grawe, Christian: Fontane-Chronik. Stuttgart 1998. (RUB. 9721.)

Grawe, Christian / Helmuth Nürnberger (Hrsg.): Fontane-Handbuch. Stuttgart 2000.
Jolles, Charlotte: Theodor Fontane. ⁴1993. (Sammlung Metzler. 114.)
Neuhaus, Stefan: Fontane-ABC. Leipzig 1998.
Nürnberger, Helmuth: Theodor Fontane mit Selbstzeugnissen und Bilddokumenten. Reinbek b. Hamburg ¹⁰1994.
– Fontanes Welt. Berlin 1997.
Ohff, Heinz: Theodor Fontane. Leben und Werk. München/Zürich 1995.
Preisendanz, Wolfgang (Hrsg.): Theodor Fontane. Darmstadt 1973.
Wirsing, Sibylle: Im Rahmen des Möglichen. Theodor Fontane – Ein Annäherungsversuch. In: Walter Hinderer (Hrsg.): Literarische Portraits. Von Grimmelshausen bis Brecht. Frankfurt a. M. 1987. S. 172–183.
Ziegler, Edda / Gotthard Erler: Fontane. Lebensraum und Fantasiewelt. Eine Biographie. Berlin 1996.

### Analysen, Interpretationen, Erläuterungen, Materialien

Aust, Hugo (Hrsg.): Fontane aus heutiger Sicht. Analysen und Interpretationen seines Werks. München 1980.
Demetz, Peter: Formen des Realismus: Theodor Fontane. Kritische Untersuchungen. München 1964.
Greif, Stefan: Ehre als Bügerlichkeit in den Zeitromanen Theodor Fontanes. Paderborn 1992.
Kahrmann, Cordula: Idyll im Roman: Theodor Fontane. München 1993.
Mittenzwei, Ingrid: Die Sprache als Thema. Untersuchungen zu Fontanes Gesellschaftsromanen. Bad Homburg 1970.

Müller, Karla: Schloßgeschichten. Eine Studie zum Romanwerk Theodor Fontanes. München 1986.

Betz, Frederick: Erläuterungen und Dokumente. Theodor Fontane: *Irrungen, Wirrungen*. Stuttgart 2002. (RUB. 8146.)

Esser-Palm, Regina: Theodor Fontane: *Irrungen, Wirrungen*. Freising 1999.

Grawe, Christian (Hrsg.): Interpretationen. Fontanes Novellen und Romane. Stuttgart 1998. (RUB. 8416.) Darin: Walter Hettche: *Irrungen, Wirrungen*. Sprachbewußtsein und Menschlichkeit. Die Sehnsucht nach den einfachen Formen, S. 136–156.

Grawe, Christian: *Irrungen, Wirrungen*. In: Reclams Romanlexikon. Stuttgart 2000. S. 270 f.

Jolles, Charlotte: »Gideon ist besser als Botho.« Zur Struktur des Erzählschlusses bei Fontane. In: Festschrift für Werner Neuse. Hrsg. von Herbert Lederer und Joachim Seyppel. Berlin 1967. S. 76–93.

Konrad, Susanne: Die Unerreichbarkeit von Erfüllung in Theodor Fontanes *Irrungen, Wirrungen* und *L'Aldultera*. Strukturwandel in der Darstellung und Deutung intersubjektiver Muster. Frankfurt a. M. 1991.

Pelster, Theodor: Literaturwissen. Theodor Fontane. Stuttgart 2002. (RUB. 15213.) Darin: *Irrungen, Wirrungen*, S. 53–57.

Schmidt-Brümmer, Horst: Formen des perspektivischen Erzählens. Fontanes *Irrungen, Wirrungen*. München 1971.

Sollmann, Kurt: Theodor Fontane: *Irrungen, Wirrungen*. Frankfurt a. M. 1990.

## Literatur zur Geschichte Preußens und Berlins

Attwood, Kenneth: Fontane und das Preußentum. Berlin 1970.
Craig, Gordon A.: Das Ende Preußens. Acht Portraits. München 1989.
Dönhoff, Marion Gräfin von: Preußen. Maß und Maßlosigkeit. Berlin ²1998.
Haffner, Sebastian: Preußen ohne Legende. Hamburg 1978.
Holmsten, Georg: Berlin-Chronik. Düsseldorf 1984.
Krockow, Christian Graf von: Preußen. Eine Bilanz. Stuttgart 1992.
– Fahrten durch die Mark Brandenburg. Wege in unsere Geschichte. München ²1994.
Ohff, Heinz: Preußens Könige. München ²2001.
Sinn, Dieter / Renate Sinn: Der Alltag in Preußen. Frankfurt a. M. 1991.
Theiselmann, Christiane: Brandenburg. Polyglott Reiseführer. München 1997.
Zierer, Otto: Bild der Jahrhunderte. Zwischen den Zeiten 1815–1850. Bd. 19. Gütersloh [o. J.].

## Zusätzliche Literatur

Albersmeier, Franz-Josef / Volker Roloff (Hrsg.): Literaturverfilmungen. Frankfurt a. M. 1989.
Dietel, Günther: Reiseführer für Literaturfreunde. Brandenburg, Mecklenburg-Vorpommern, Sachsen, Sachsen-Anhalt, Thüringen. Frankfurt a. M. / Berlin 1993.
Frenzel, Herbert A. / Elisabeth Frenzel: Daten deutscher Dichtung. Chronologischer Abriß der deutschen Literaturgeschichte. Bd. 2: Vom Biedermeier bis zur Gegenwart. München 1962 [u. ö.].

Gerth, Angelika: Der dramatisierte Roman Theodor Fontanes im westdeutschen Fernsehspiel. Diss. Wien 1972.

Reclams Romanlexikon. Deutschsprachige erzählende Literatur vom Mittelalter bis zur Gegenwart. Hrsg. von Frank Rainer Max und Christine Ruhrberg. Stuttgart 2000.

Scholz, Hans: Wanderungen und Fahrten in der Mark Brandenburg. Frankfurt a. M. / Berlin / Wien 1980.

Seeßlen, Georg: *Irrungen, Wirrungen*. Schön, maßvoll, unmöglich. Deutsche Fontane-Filme zwischen Ideologie und Nostalgie. In: Der Tagesspiegel vom 17. 9. 1998.

Günther Tietz (Hrsg.): Über Christine Brückner. Aufsätze, Rezensionen, Interviews. Mit Originalbeiträgen von Sigrid Bauschinger, Joachim Biener und Heinz Gockel. Frankfurt a. M. / Berlin 1989.

Wolff, Jürgen: Literaturreisen. Wege, Orte, Texte. Stuttgart 1990.

### Fontane im Internet

An Fontane-websites, alle mit einer Vielzahl an Links, nennen wir lediglich:

fontanearchiv.de
projekt.gutenberg.de/autoren/fontane
fontane-gesellschaft.de

# Anmerkungen

1 Fontane in einem Brief an den Chefredakteur der *Vossischen Zeitung* am 13. Juli 1887, in: Frederick Betz, *Erläuterungen und Dokumente, Theodor Fontane, »Irrungen, Wirrungen«*, Stuttgart 2002, S. 67.
2 Theodor Fontane in seiner Kritik zu Gustav Freytags Roman *Die Ahnen*, in: Christian Grawe, *Fontane-Chronik*, Stuttgart 1998, S. 162.
3 Fontane in einem Brief an seine Tochter am 5. Mai 1883, in: *Grawe* (Anm. 2), S. 227.
4 Sibylle Wirsing, »Im Rahmen des Möglichen, Theodor Fontane – Ein Annäherungsversuch«, in: Walter Hinderer (Hrsg.), *Literarische Portraits, Dichter von Grimmelshausen bis Brecht*, Frankfurt a. M. 1987, S. 178.
5 Wirsing (Anm. 4), S. 178.
6 Wahrscheinlich eine zum Vorabdruck des Romans an den Chefredakteur der *Vossischen* gerichtete Frage eines Lesers, wann diese »Hurengeschichte« endlich zu Ende sei. In: Betz (Anm. 1), S. 86.
7 Christian von Krockow, *Preußen – Eine Bilanz*, München 1992, S. 11.
8 Fontane in einem Brief an Georg Friedländer (1843–1914), seinerzeit Amtsrichter in Schmiedeberg/Schlesien, am 2. September 1890, in: Grawe (Anm. 2), S. 273.
9 Betz (Anm. 1), S. 64.
10 Richard Bürkner, »Schöne Litteratur«, in: Betz (Anm. 1), S. 95.
11 Stefan Neuhaus, *Fontane-ABC*, Leipzig 1998, S. 146.
12 Walter Hettche, *Interpretationen, Fontanes Novellen und Romane*, Stuttgart 1998, S. 152.
13 Wilhelm Jensch, »Literarisches«, in: Betz (Anm. 1), S. 101.
14 Hettche (Anm. 12), S. 149.
15 Horst Schmidt-Brümmer, *Formen des perspektivischen Erzählens*, in: Betz (Anm. 1), S. 127.
16 Hettche (Anm. 12), S. 149.
17 Maximilian Harden, »Fontane«, in: Betz (Anm. 1), S. 113.
18 Ludwig Pietsch, »Literarisches«, in: Betz (Anm. 1), S. 99.
19 Ebenda.

20 Christian Grawe, »*Irrungen, Wirrungen*, Fontane-Handbuch«, in: Betz (Anm. 1), S. 140.
21 Einen ›Jungfernkranz‹ hätten beide, Lene und Gideon, für geschmacklos und absolut unangebracht gehalten.
22 Wolfgang Wittkowski, »Handeln, Reden und Erkennen im Zusammenhang der Dinge«, in: Betz (Anm. 1), S. 138.
23 Betz (Anm. 1), S. 8.
24 Hettche (Anm. 12), S. 139.
25 Wirsing (Anm. 4), S. 179.
26 Richard Weitbrecht, »Zwei Berliner Lieutenantsromane«, in: Betz (Anm. 1), S. 108.
27 Bürkner in: Betz (Anm. 1), S. 95.
28 Grawe (Anm. 2), S.106.
29 Ebenda, S. 188.
30 Hettche (Anm. 12), S. 153 f.
31 Deutungsansatz nach Fontane, in: Hettche (Anm. 12), S. 154.
32 *Reclams Romanführer*, Stuttgart 2000, S. 271.
33 Herbert A. Frenzel / Elisabeth Frenzel, *Daten deutscher Dichtung, Chronologischer Abriß der deutschen Literaturgeschichte, Band 2: Vom Biedermeier bis zur Gegenwart*, München 1976, S. 350.
34 Christian Graf von Krockow, »*Unser Kaiser*«. Glanz und Sturz der Monarchie, München 1996, S. 13.
35 Fontane in einem Brief an Georg Friedlander, in: Theodor Pelster, *Literaturwissen, Theodor Fontane*, Stuttgart 2002, S. 23.
36 *Reclams Romanführer* (Anm. 32), S. 275.
37 Am 22. Juni 1889 bittet Theodor Fontane um seine Entlassung als Theaterkritiker. In seinem Brief schreibt er ebenso bescheiden wie selbstbewusst: »Ich habe mich nie für einen großen Kritiker gehalten und weiß, daß an Wissen und Schärfe hinter einem Mann wie Brahm weit zurückstehe [...]; ich hatte eine klare, bestimmte Meinung und sprach sie mutig aus. Diesen Mut habe ich wenigstens immer gehabt.« In: Grawe (Anm. 2), S. 267.
38 Mit der Literatur des »bürgerlichen Realismus«, zu der Theodor Fontanes Romane gehören, überschnitten sich der »Naturalismus« und seine Gegenströmungen »Impressionismus« und »Expressionismus«. G. Hauptmann und Schnitzler, Hesse und Rilke, Heinrich und Thomas Mann waren seit dem Ende des 19. Jahrhunderts die beherrschenden Namen der jüngeren deutschen Literatur. – Um 1920 setzte sich eine neue wirklichkeits-

orientierte Tendenz in der Kunst durch, die »Neue Sachlichkeit«.
39 Zahlen nach Betz (Anm. 1), S. 121.
40 Als »Dunkelschöpfung im Lichte zurechtgerückt« charakterisierte Fontane seinen Schaffensprozess in einem Brief an seine Frau am 14. Mai 1884, in: Betz (Anm. 1), S. 66.
41 Beispiele: Christine Brückner, *Wenn du geschwiegen hättest, Desdemona. Ungehaltene Reden ungehaltener Frauen*, Hamburg 1983; Christine Brückner und Otto Heinrich Kühner, *Deine Bilder – Meine Worte*, Frankfurt a. M. / Berlin ²1991; Günther Tietz (Hrsg.), *Über Christine Brückner. Aufsätze, Rezensionen, Interviews*, Frankfurt a. M. / Berlin 1989.
42 Pelster (Anm. 35), S. 106.
43 Die Filme *Stine* und *Irrungen, Wirrungen* aus dem Jahr 1945 sind identisch.
44 in: Christine Brückner / Otto Heinrich Kühner, *Deine Bilder – Meine Worte*, Frankfurt a. M. / Berlin ²1991, S. 35–40.